Männer *Küche*

Köstliche Anti-Aging-Rezepte für IHN

Prof. Dr. med. Bernd Schmitz-Dräger
Prof. Dr. med. Thomas Ebert
Dipl. oec. troph. Rebekka Höfer
Sabine Zaun

Männer*Küche*

Köstliche Anti-Aging-Rezepte für IHN

Mit Bildern von Klaus Hennig-Damasko

 KILIAN

Bildnachweis
Umschlag: Kasseler Apoll, Archäologisches Seminar der Philipps-Universität Marburg
Fotografien Umschlag und Innenteil: Klaus Hennig-Damasko, Stuttgart

Bibliografische Information der Deutschen Nationalbibliothek
Die Deutsche Nationalbibliothek verzeichnet diese Publikation in der Deutschen Nationalbibliografie;
detaillierte bibliografische Daten sind im Internet über http://dnb.d-nb.de abrufbar.

4. Auflage 2009
© 2009 VERLAG im KILIAN, Marburg
Lektorat: Alexandra Renkawitz
Layout & Satz: Ruth Steinebach / medialog, Marburg
Druck: Fuck – Druck & Verlag, Koblenz
ISBN: 978-3-932091-99-5

Inhalt

Hauptgerichte 58

Inhalt

Männerküche
Gebrauchsanweisung

Die Zeit der Großfamilien ist vorbei. Leider? Weil man heute eher als Single oder zweisam lebt, haben wir **alle Rezepte für zwei Personen** berechnet. Das mag in manchen Fällen bei der Beschaffung der Zutaten kleinere Probleme aufwerfen (1/4 Hähnchen oder ein halber Apfel). Andererseits eignen sich viele Gerichte zum Einfrieren. Und die Erfahrung, falls doch für mehr Personen gekocht wird, zeigt: Multiplizieren ist leichter als dividieren.

Zu jedem Rezept finden Sie folgende Angaben:

▶ Angaben zur Herkunft der Rezepte

▶ Angaben zur Herstellung der Gerichte. Sie sind Richtwerte, geschickte Köche sind oft schneller:

Schnell: < 10 Minuten

Einfach: 10 – 30 Minuten

Aufwändig: 30 – 60 Minuten

Sehr aufwändig: > 60 Minuten

▶ Die Liste der Zutaten. Infos zu den Inhaltsstoffen finden Sie in der Warenkunde.

▶ Die einzelnen Schritte der Zubereitung haben wir der Übersichtlichkeit halber untergliedert.

▶ Angaben zum Präventionswert. Das gab es noch nie! Wir liefern nicht nur den kalorischen Nährwert, sondern auch Informationen zu präventiv wirksamen Substanzen. Wer mehr wissen will, schlägt im Lexikon der Prävention nach.

▶ In vielen Fällen noch interessante Tipps.

Backofentemperaturen unterscheiden sich für Gas-, Elektro- und Umluftherde. Zur Umrechnung gilt folgende Tabelle:

Elektro-Ofen	Umluftherd	Gasofen
160 Grad (Celsius)	140 Grad	Stufe 1-2
180 Grad	160 Grad	Stufe 2
200 Grad	180 Grad	Stufe 2-3
220 Grad	200 Grad	Stufe 3

Kochbuch speziell für Männer

»... und noch ein Kochbuch!« mag »Man(n)« vielleicht stöhnen. Und manch einer denkt mit leiser Sehnsucht an die Krawatte, die mit schöner Regelmäßigkeit auf dem Gabentisch zu finden war.

Kochbücher sind in den vergangenen Jahren in großer Zahl auf den Markt gekommen. Warum also nun ein weiteres, ein neues »Gesundheitskochbuch«, und ausgerechnet eines für den Mann? Weil wir wissen, was Mann braucht, um sich fit zu essen. Die Zeit ist reif für das erste Männerkochbuch!

Warum?

Ein paar Worte über uns Autorinnen und Autoren:
Wir, das sind die Ökotrophologin Rebekka Höfer, Sabine Zaun, Praxismanagerin, und die beiden Urologen Bernd Schmitz-Dräger und Thomas Ebert, die sich seit Jahren mit Männererkrankungen und deren Prävention beschäftigen.
Gerade bei Männern nimmt der Wunsch, selbst Verantwortung für die eigene Gesundheit zu übernehmen, deutlich zu. Immer wieder werden wir gefragt, was Mann unternehmen kann, um gesund zu bleiben. Auf der Suche nach geeigneter Literatur für die Ratsuchenden zeigte sich: Einige der auf dem Markt befindlichen Bücher erwecken eher den Eindruck, Ratgeber für angehende Asketen zu sein. Andere wiederum sind sehr allgemein gehalten. Aber ein Kochbuch, das speziell auf die Bedürfnisse von Männern zugeschnitten ist, haben wir nicht gefunden. Diese Lücke wollen wir mit unserem Buch schließen!

»Ich habe kein Problem damit, 50 zu werden. Was mich vielmehr bedrückt, ist die Sorge vor dem Verlust meiner Leistungsfähigkeit und vor Krankheiten.« Zwei Sätze, die wir häufig hören.

Genau dort setzen wir an. Aus der Anti-Aging-Forschung sind heute Nahrungsbestandteile bekannt, die zur Erhaltung der Gesundheit beitragen und körperlichen Verschleiß mindern. Ebenso kennen wir die eher ungesunden Nahrungsmittel. Dieses Wissen haben wir in die Rezepte eingebracht.

Das Buch hilft Männern, sich mit ihrer Ernährung zu beschäftigen. Es will Lust machen auf den Einkauf geeigneter Zutaten und Spaß an der genussvollen Zubereitung der Speisen vermitteln. Es soll zeigen, wie einfach es ist, ohne Verzicht durch geschickte Auswahl von Nahrungsmitteln und Zutaten die Gesundheit positiv zu beeinflussen.

Natürlich kommt auch die Information nicht zu kurz. Die wichtigsten Erkenntnisse über die molekularen Zusammenhänge zwischen Ernährung und Gesundheit werden in leicht verständlicher Form präsentiert. Alles für diesen Zusammenhang Wissenswerte zu den verschiedenen Nahrungsmitteln und den darin enthaltenen präventiven Substanzen finden Sie in der Warenkunde bzw. im »Lexikon der Prävention«.

Wir möchten mit diesem Buch den Begriff der Prävention für Männer vom Ruch des Verzichtes und der Askese befreien und mit positiven Assoziationen wie Genuss und Lebensfreude verbinden. Ach, noch was. Keines unserer Gerichte schadet Frauen und Kindern ...

Das Autorenteam

Was Mann über sich (und seine Nahrung) wissen sollte

Prof. Dr. Bernd Schmitz-Dräger, Prof. Dr. Jens Altwein

Mann hat es nicht leicht! Stress, wohin Mann schaut. In der Ausbildung, im Beruf, zu Hause: Die Anforderungen sind gestiegen. Trotzdem und überall müssen Sie »Ihren Mann stehen«. Die Lösung heißt Prävention oder auf Neudeutsch »Anti-Aging«. Es sind eigentlich nur wenige Faktoren, die, verinnerlicht, Verschleiß und damit vorzeitiges Altern und Krankheit aufhalten können. Die Ernährungsweise leistet dabei einen ganz wesentlichen Beitrag.

Der geplagte Mann

Kann das »starke« Geschlecht wirklich so stark sein, wenn Männer es nur auf 74 Jahre durchschnittliche Lebenserwartung bringen, Frauen hingegen auf 81?

Die Ursachen liegen in der höheren Anzahl an Herz-Kreislauf-Erkrankungen bei Männern, aber ebenso in einer vermehrten Belastung durch bösartige Erkrankungen. In den vergangenen Jahren sind zunehmend die ursächlichen molekularen Zusammenhänge aufgedeckt worden. Es hat sich gezeigt, dass im Wesentlichen Nahrung und Lebensstil für diese fatale Entwicklung verantwortlich sind.

Doch die gute Nachricht ist: Nicht nur die Substanzen, die Krankheiten auslösen oder beschleunigen konnten ausfindig gemacht werden, sondern auch solche, die den Körper beschützen.

Neben Herz-Kreislauf-Erkrankungen und Tumorleiden sind es aber noch weitere Krankheiten, welche die Lebensqualität des Mannes mit zunehmendem Alter beeinträchtigen. Die gutartige Prostatavergrößerung ist eine dieser Erkrankungen, deren Verlauf sich durch die Ernährung günstig beeinflussen lässt. Eine andere ist die Osteoporose: Der Knochenschwund wurde fälschlicherweise lange für ein reines Frauenleiden gehalten.

Für all diese Erkrankungen gilt: Sie sind kein unausweichliches Schicksal, und auch die »Gene« sind bestenfalls teilweise verantwortlich.

Gesundheit durch Essen?

Moderne Theorien über Alterungsvorgänge basieren auf der Erkenntnis, dass die sogenannten freien Radikale in der Zelle Kettenreaktionen in Gang setzen, die langfristig zu Schäden an wichtigen Strukturverbindungen oder gar der Erbsubstanz führen. Dieser oxidative Stress beschleunigt Alterungsprozesse und fördert Krankheiten. So sind die Folge von zu viel Sonnenbaden faltige Haut oder gar Hautkrebs, denn auch das ultraviolette Licht setzt Radikale frei und ist damit ein Angreifer der Zellbestandteile der Haut.

Andererseits haben viele Männer zu niedrige Vitamin-D-Plasmaspiegel – Risikofaktor für

Schäden unter anderem an Herz, Knochen, Immunsystem und Zellgesundheit. Diese Männer müssen den angstfreien Umgang mit der Sonne lernen – ein Gleichgewicht aus Sonnengenuss und Sonnenschutz. Denn das Vitamin D, das eigentlich ein Hormon ist, wird unter UV-Einstrahlung in der Haut selbst synthetisiert. Zum Glück gibt es antioxidativ wirksame Nahrungsbestandteile, welche die hochreaktiven Radikale unschädlich machen, indem sie die beschriebene Kettenreaktion unterbrechen. Zu den Antioxidantien gehören verschiedene Vitamine und Provitamine (Provitamin A, Vitamine A, C, E), Koenzym Q10, sogenannte sekundäre Pflanzenstoffe wie Karotine oder Flavone – dort insbesondere Lycopin und Quercetin – und das Spurenelement Selen.

Behauptung oder Beweis?

Was steckt hinter solchen Theorien? Nun, die meisten Erkenntnisse sind harte Fakten aus der Forschung. Aber auch die Epidemiologie, die Wissenschaft von der Verteilung von Krankheiten in der Bevölkerung, liefert wichtige Hinweise.

Wir wissen seit langem, dass Bewohner Skandinaviens und der Mittelmeerländer mehr unterscheidet als nur Haar- und Augenfarbe: **Prostataerkrankungen** beispielsweise treffen italienische Männer deutlich seltener als Skandinavier. Mitteleuropäische Männer liegen mit ihrem Erkrankungsrisiko zwischen Skandinaviern und Südeuropäern. Die Vermutung, dass die Unterschiede ernährungsbedingt sein könnten, liegt auf der Hand.

Ein weiterer Hinweis auf die Ernährung als präventiver Faktor ist das Ost-West-Gefälle im pazifischen Raum. So ist **Prostatakrebs** in den USA 15- bis 40-mal häufiger als in Japan und China. Und fast schon beweisend für die Bedeutung der Ernährung ist die Beobachtung, dass nach einem Umzug von Asiaten in die USA – und der dadurch bedingten Ernährungsumstellung – unter den Emigranten die Häufigkeit dieser Krebsart drastisch zunimmt.

Auch unter der **gutartigen Prostatavergrößerung** (BPH) haben Männer in Japan messbar weniger zu leiden als in den USA. Für das **Herz-Kreislauf-Erkrankungsrisiko** gibt es ähnliche Hinweise. So treten in Regionen mit traditionell hohem Konsum von Fett tierischer Herkunft Bluthochdruck und Herzinfarkt deutlich häufiger auf als in Gebieten mit anderen Fettverzehrsgewohnheiten (beispielsweise mehr Pflanzenöle oder Fischfett).

Zusammenfassend zeigen alle diese Beobachtungen, dass Ernährung die Männergesundheit nachhaltig beeinflusst. Inzwischen wird der präventive Wert verschiedener Nahrungsstoffe in groß angelegten Untersuchungen mit Zehntausenden von Teilnehmern überprüft.

West und Ost oder Nord und Süd – der Unterschied

Wagen wir einen Vergleich: Hier im Westen machen Obst, Gemüse und Getreide etwa 35 Prozent der täglichen Energiezufuhr aus, während diese Bestandteile in der fernöstlichen Küche etwa 80 Prozent betragen.

Gleichzeitig machen tierische Fette und Eiweiße ungefähr 40 Prozent des westlichen Speisezettels aus, während diese Produkte im fernen Osten mit nur 6 Prozent weit unten stehen. Der Nährstoffvergleich deftiger Hausmannskost mit der mediterranen Küche fällt ähnlich aus. Bei Analyse der beiden Kostformen finden sich eine Reihe von Wirksubstanzen, die der mitteleuropäischen Küche fehlen oder in nur geringen Mengen vorhanden sind. Frisches Obst und Gemüse enthalten weit mehr als Vitamine. Sie versorgen den Organismus mit sekundären Pflanzenstoffen, einer bunten Gruppe von Substanzen, deren medizinische Bedeutung erst teilweise bekannt ist. Da sind zum Beispiel die Flavonoide, eine Gruppe von pflanzlichen Farbpigmenten. Flavone, Isoflavone und Anthocyanidine zählen dazu. Während einige dieser Substanzen potente Antioxidantien sind (s. o.), werden andere zu den sogenannten Phytoöstrogenen gerechnet. Es sind Substanzen mit milder hormonähnlicher Wirkung auf unseren Organismus. Sie binden zum Beispiel an Testosteron-Rezeptoren der Prostata und neutralisieren so dessen schädliche Wirkung. Das Ergebnis: vermindertes Wachstum der Prostata.

Daneben enthalten Obst und Gemüse in großer Menge eine Art von Kohlenhydraten, die der Körper nicht verwerten kann: die Ballaststoffe.

Zwar unverdaulich, sind sie doch von großer präventivmedizinischer Bedeutung: Ballaststoffe halten die Darmtätigkeit in Schwung und beugen der Entstehung von Darmkrebs vor. Auch diese Krebsart zählt zu den Killern des Mannes. Daher: zurück zur Natur, Obst und Gemüse auf den Tisch!

Verwenden Sie »Frisches«

Vergessen Sie die Zahlenangaben in Vitamintabellen. Oder betrachten Sie diese zumindest mit Skepsis, denn sie beziehen sich in der Regel auf frisch geerntete Früchte. Wer beim Einkauf den Gemüsetresen im Supermarkt abschreitet, findet neben den regionalen Produkten auch Birnen aus Südafrika, Bananen aus Mittelamerika und die Ananas von der Elfenbeinküste. Schön fürs Auge. Aber Vitamine sind Mimosen. Tage- oder gar wochenlange Reisen bekommen ihnen nicht. Sie zerfallen einfach, und schon ist der ausgeklügelte Vitamin-Speiseplan dahin.

Wirklich frisch ist hiesiges Obst und Gemüse der Saison. Kaufen Sie es beim Bauern um die Ecke! Oder verlangen Sie auf dem Wochenmarkt frisches Obst und Gemüse »Made in Germany«! Was dort angeboten wird, hat in der Regel den erhofften Vitamingehalt. Zumindest dann, wenn es sich um Saisonware handelt.

»Wie stellen die sich das vor?« werden Sie vielleicht denken, denn Ihr Nachbar betreibt leider keinen biologisch einwandfreien Obst- und Gemüseanbau. Zudem sind Sie im Außendienst tätig oder haben eine Position inne, die sich mit den Öffnungszeiten des örtlichen Wochenmarktes überschneidet.

Keine Sorge – TK tut's auch. Tiefkühlkost ist weit besser als ihr Ruf. Durch das frühzeitige Einfrieren der Nahrungsmittel bleibt ein großer Teil der wertvollen Vitamine erhalten.

Es gibt auch einige Fertigprodukte, die mithalten können. Verarbeitete Tomatenprodukte (Tomatenmark, Tomatenjus, Tomatensauce) haben einen höheren Gehalt an Lycopin als frische Tomaten. Bei der Verarbeitung wird der Radikalfänger aufgeschlossen und kann so vom Körper besser aufgenommen werden. Sonst gilt eher: Lassen Sie die Konserve im Regal!

Und zur Not? Die Märkte sind geschlossen, Ihr Kühlschrank bietet nichts Frisches mehr. Außer einem Fast-Food-Restaurant weit und breit von Gastronomie keine Spur? Glücklicherweise gibt es ja noch Nahrungsergänzungsmittel. Dabei handelt es sich um verschiedenartige Präparate, von der Vitamin-C-Brausetablette bis hin zu speziellen, auf den persönlichen Bedarf abgestimmten Vitalstoffmischungen.

Wie viele Vitamine und Kalorien braucht der Mann?

Ein Blick zurück: Das, was eine gesund aussehende vierköpfige Familie vor einigen Jahrzehnten in den Einkaufskorb legte, wurde damals von Chemikern analysiert. Es war die Geburtsstunde der ersten Zufuhrempfehlungen für Nährstoffe. Allgemeingültige Empfehlungen existieren nicht: Die offiziellen D-A-CH-Werte aus Deutschland, Österreich und der Schweiz unterscheiden sich von den EUFIC-Empfehlungen der EU, die wiederum sind anders als die amerikanischen Werte usw. Sie alle wollen gemeinsame Nenner für den jeweiligen nationalen Bedarf abbilden, und sind deshalb eines nicht: individuell anwendbar.

Die Mikronährstofftherapie, die orthomolekulare Medizin und die moderne Ökotrophologie, zielen hingegen darauf ab, Gesundheit zu erhalten und – im Sinne eines Anti-Agings – wenn möglich zu steigern. Dementsprechend fallen die neueren Empfehlungen meist höher aus. Im »Lexikon der Prävention« finden Sie unsere Angaben. Betrachten Sie diese als lockere Orientierungshilfe.

Und wie steht es mit den Kalorien?
An dieser Stelle räumen wir mit der Mär auf, dass ein 180 cm großer und 75 kg schwerer Angestellter mit überwiegender Schreibtischtätigkeit täglich 2.147 kcal zu sich nehmen muss bzw. darf. Der tatsächliche Kalorienverbrauch setzt sich nämlich aus dem individuell sehr verschiedenen Grundumsatz und dem täglich anderen Verbrauch aufgrund von körperlicher Arbeit und geistiger Tätigkeit zusammen. Bei der Orientierung kann man sich an Waage, Messlatte und Taschenrechner halten.
Taschenrechner? Ja: Ihren eigenen Body-Mass-Index (BMI) können Sie leicht ermitteln und damit eine relativ genaue Bewertung Ihrer Statur bekommen.

Sie rechnen nach der Formel: Körpergewicht in Kilogramm geteilt durch Körpergröße in Quadratmeter.
$BMI = Gewicht\ (kg) : Länge\ (m)^2$.
Bei Männern zwischen 40 und 60 Jahren ist ein BMI um die 23 ideal. Sollten Sie also zum Beispiel 1,80 m groß sein, so sollten Sie nicht mehr als 81 kg auf die Waage bringen. Ab einem BMI von 25 ist »Action« angesagt. Sie sollten abspecken.

Wenn Sie dazu noch Fragen haben, hilft eine Praxis für Ernährungstherapie in Ihrer Nähe weiter. Dort wird Ihr Kalorienverbrauch analysiert, gegebenenfalls gibt es gezielte Tipps und Begleitung bei der Gewichtsreduktion.

Fette I: weniger ist mehr!

Was ist ein Essen ohne Fett? Ziemlich geschmacklos. Fett ist der Träger von Geschmacks- und Aromastoffen. Aber auch der »beste« Energielieferant – 9 kcal pro Gramm! Selbst Zucker hat weniger als die Hälfte. Wozu sind Fette gut? Ganz früher waren Fettreserven für schlechte Zeiten wichtig, heute wohl eher für ein »dickes Fell«. Die im Organismus gespeicherten Fette bestehen überwiegend aus gesättigten Fettsäuren und haben keinerlei antioxidatives Potenzial. Im Gegenteil – sie treiben den oxidativen Stoffwechsel an und spielen eine wesentliche Rolle bei Verschleißvorgängen. Vom Pölsterchen zum Übergewicht ist es nicht weit. Und Übergewicht steht bekanntlich in direktem Zusammenhang mit verschiedenen Krebserkrankungen (zum Beispiel Prostata, Darm).

Fettsäuren sind auch die Ausgangssubstanz des Cholesterins. Das oxidierte LDL-Cholesterin ist das Gefäßgift Nummer eins! Der Zusammenhang zwischen LDL-Cholesterin und Herzinfarktrisiko ist bekannt. Aber auch die Gefäße im männlichsten aller Glieder können durch Ablagerungen »verstopft« werden.
Die Konsequenz: Fette sollten weniger als 30 Prozent der Energiezufuhr ausmachen. Unter präventiven Gesichtspunkten sollte der Anteil sogar unter 20 Prozent liegen. Also, wenn Mann (nicht nur) Kalorien sparen möchte: Finger weg vom Fett!

Fette II: die Guten und die Bösen

Nicht alle Fette sind gleich schlecht. Es gibt auch gesunde Fette – die mit den ungesättigten Fettsäuren. Sie sind Bausteine für eine Reihe von wichtigen körpereigenen Verbindungen und können nicht vom Köper selbstsynthetisiert werden. Pflanzenöle wie Olivenöl und Distelöl haben einen besonders hohen Anteil an ungesättigten Fettsäuren. Die weniger gesunden Fette sind die tierischer Herkunft. Ihre Fettsäuren sind gesättigt und zu nichts anderem Nutze als zur Energiegewinnung und als Speckreserve. Außerdem sind sie Ausgangsprodukt der gefäßfeindlichen Cholesterinfraktion. Dagegen weisen Omega-3-Fettsäuren – vorhanden in Seefisch, Lein- und Walnussöl – gefäßschonende und -schützende Eigenschaften auf. So sind diese mehrfach ungesättigten Fettsäuren das »Frostschutzmittel« für die Gefäße der Eskimos. Deren Ernährung weist von jeher einen hohen Omega-3-Fettanteil auf. Also: Etwas Fett ist schon notwendig. Aber seien Sie wählerisch!

Essen – und Trinken

Nicht nur durch Essen können Sie Ihre Gesundheit positiv beeinflussen. Auch die Wahl der Getränke sollte nicht dem Zufall überlassen bleiben. Achten Sie auf ausreichende Flüssigkeitszufuhr von 2,5 bis 3 Litern am Tag! Ihr Körper wird es Ihnen danken. Vermindertes Thromboserisiko und bessere Chancen für Ihre Nieren, die angesammelten Giftstoffe loszuwerden, sind nur zwei der vielen Vorteile.

Trinken Sie keinesfalls nur Kaffee! Eine Tasse Kaffee am Morgen mag dem Kreislauf eine Hilfe sein, sehr viel Kaffee, ohne das in Österreich oder Italien übliche begleitende Glas Wasser, beeinträchtigt den Flüssigkeitshaushalt. Tees sind deshalb gesünder. Sie enthalten vielfach wertvolle sekundäre Pflanzenstoffe, wie die unaussprechlichen Epigallocatechin-3-Gallate, kurz EGCG. Sie sind in besonders hoher Konzentration in grünem Tee vorhanden und scheinen sogar gegen Tumoren wirksam zu sein.

Mineralwasser hilft den Bedarf an Spurenelementen zu decken. Werfen Sie beim Einkauf einen Blick auf die Analysewerte. Gut sind auch Gemüse- und Obstsäfte, sie weisen meist einen ordentlichen Gehalt an Vitaminen auf.

Tomatensaft ist zum Beispiel ein echter Power-Drink mit Flavonoiden, Vitaminen und Spurenelementen. Milch gilt nicht als Getränk, sondern als Nahrungsmittel.

Für die alkoholhaltigen Getränke gilt vergleichbares wie für viele andere Nahrungsmittel: Weniger ist mehr. Unbestritten sind in Rotwein gesundheitlich segensreiche Polyphenole wie OPC (Oligomere Proanthocyanidine) und Lignane enthalten. Aber man sollte sich davor hüten, den Bedarf daran allein durch den Konsum von Rotwein zu decken.

Die Last mit den Knochen

Bislang galt Osteoporose, der fortschreitende Verlust von Knochenmineralgehalt, als typische Erkrankung der Frau nach den Wechseljahren. Doch auch Männer durchleben ein Klimakterium, im Gegensatz zur Frau nur viel sanfter und ohne eindeutige Zeichen wie dem Ausbleiben der Regelblutung. Dennoch vollziehen sich hormonelle Veränderungen, und die Blutspiegel von Testosteron (dem männlichen Keimdrüsenhormon) und von Östrogen (auch beim Mann) sinken.

Knochendichtemessungen zeigen: Auch Männerknochen verlieren Mineralien. Der Knochenschwund setzt jedoch später ein als bei der Frau. Da die Lebenserwartung des Mannes kürzer ist, liegt auch der Anteil der Männer mit Osteoporose bei nur 30 Prozent. Je älter ein Mann also wird, desto eher kann es ihn treffen. Sofern er nicht aktiv gegensteuert. Mit Ernährung und Bewegung. So wirkt eine adäquate Zufuhr von Kalzium (Milch, Milchprodukte, grüne Gemüse), Vitamin D und seinen Vorstufen (Milch, Schnittkäse, fetter Seefisch, Leber, Champignons) der Entwicklung einer Osteoporose entgegen

(wer kalziumhaltige Nierensteine hat, sollte allerdings beim Konsum von Milchprodukten entsprechend seiner diätetischen Vorgaben Zurückhaltung üben). Besonders wirksam ist die gute Versorgung mit Kalzium und Vitamin D dann, wenn parallel zur Mahlzeit körperliche Bewegung stattfindet: Das Zupfen und Ziehen der Sehnen ist der Reiz für den Knochen, angebotenes Kalzium auch tatsächlich einzulagern.

Sport – der Blick über den Tellerrand

Sport ist also aktive Osteoporose-Prävention. Die Tennisstunde am Mittwochnachmittag und das sonntägliche Kicken der Senioren sind dazu aber eher ungeeignet. Kurze Spurts und Stop-and-Go-Sportarten helfen nicht gegen Knochenverschleiß, und auch die erhoffte Fettverbrennung bleibt aus.

Der Abbau der dabei gebildeten hohen Mengen an Milchsäure bedeutet Stress, aber die Speckpolster bleiben. Regelmäßige Bewegung aller Muskelgruppen, die Belastung des Organismus nach vorgegebener Herzfrequenz ist der Schlüssel zum Anti-Aging.

Bereits moderate sportliche Betätigung wie ein täglicher Spaziergang von drei Kilometern Länge senkt Ihr Risiko, eine Herz-Kreislauf-Erkrankung zu erleiden, um die Hälfe! Die Wirkung liegt vermutlich in einer erhöhten Resistenz gegenüber freien Radikalen und einer Stimulation des Immunsystems begründet. Geeignete Bewegungsprogramme können Sie im Fitness-Studio unter kompetenter Anleitung durchführen. Andere Sportarten, welche die allgemeine körperliche Fitness verbessern, sind Laufen, Radfahren, Schwimmen oder Rudern. Und zwar drei bis vier Einheiten à 30 Minuten pro Woche.

Bevor Sie jedoch damit beginnen, sollte Ihr Hausarzt die Belastbarkeit Ihres Herz-Kreislauf-Systems prüfen. Dann kann es losgehen. Schon nach wenigen Wochen sehen oder spüren Sie erste Ergebnisse: Durch die gewonnene Muskulatur und den verbesserten Body-Mass-Index werden Gelenke geschont. Der Knochenabbau wird nicht nur gebremst, sondern es wird sogar eine Zunahme der Knochendichte erzielt. Bluthochdruck und Zuckerkrankheit (Diabetes) bessern sich. Und mit der verbesserten Belastbarkeit steigt auch das Selbstvertrauen. Darüber hinaus zeigen neuere sportmedizinische Untersuchungen: Bewegung bringt auch mehr Bewegung unter die Bettdecke. Merke: Ausdauer ist Trumpf!

Anti-Aging: Und der Kopf spielt mit

Eines haben wir auf unserem kleinen Exkurs durch die Welt des Anti-Agings bislang noch nicht erwähnt: Der Kopf muss mitspielen! Ohne den verinnerlichten Wunsch, sich intensiv auf den eigenen Körper einzustellen, ihn vor Schäden zu schützen, mit der kostbaren »Grundausstattung« liebevoll umzugehen, läuft nichts. Anti-Aging zwingt dennoch nicht zur Askese. Wir möchten Sie nicht dazu bringen, jeden Morgen 20 Kilometer durch den Wald zu laufen und die abendliche Verabredung zum Dinner zu canceln. Uns geht es vielmehr darum, ein neues Körperbewusstsein zu vermitteln. Und darum, aufzuzeigen, dass eine gesunde Ernährung durchaus genussvoll sein kann. Schon die theoretische Beschäftigung mit Essen und Trinken, die Auswahl des passenden Rezepts, dann der Einkauf und die Zubereitung der Gerichte: All dies kann und soll Ihnen Freude bereiten und zu Entspannung und Wohlbefinden beitragen. Das Wissen, dabei gleichzeitig noch etwas für die Gesundheit zu tun, sei zusätzlicher Anreiz.

Ein Dankeschön ......

... gilt all denen, die bei der Fertigstellung dieses Buches mitgeholfen haben:
⊡ Für das Fotoshooting hat uns Jürgen Breitsprecher freundlicherweise das phantastische Bulthaup-Kochstudio in Nürnberg zur Verfügung gestellt. In Marburg öffnete Margret Helland großzügig die Tür zu ihrem herrlichen »küchen design Margret Helland«. Klaus Hennig-Damasko, begnadeter Fotograf und ambitionierter Koch, konnte so in schöner Umgebung appetitlich fotografieren.
⊡ Beim Einkaufen und Kochen waren uns Simone Aschermann, Dr. Birgit Beiche, Karin Schneider, Stefanie Schneider, Claudia Schmitz-Dräger und Philip Ebert eine unschätzbare Hilfe. Martin Heuser, Julia Schmitz-Dräger und Marcus Thelen haben wunderbare Rezepte beigesteuert.
⊡ Jens Altwein danken wir für die gemeinsamen Gedanken über Männer und ihre Ernährung.
⊡ Besondere Bewunderung verdient die Geduld von Alexandra Renkawitz beim Lektorat des Werkes. Und last not least gilt unser Dank der Agentur medialog, Marburg, die für die leckere Seitengestaltung zuständig war und den Umschlag so passend männlich entworfen hat.

Frühstück
& Zwischenmahlzeiten

Müsli selbstgemacht
Mitteleuropa
einfach

200 g Erdbeeren
1 Birne
1 Apfel
1 Banane
2 EL Zucker
1 Päckchen Vanillinzucker
6 EL Hafer-Vollkornflocken
2 Becher Joghurt

Zubereitungszeit	ca. 15 Minuten
Nährwert pro Portion	ca. 344 kcal
Ballaststoffe	6 g
Zusammensetzung	
Eiweiß	11 g
Kohlenhydrate	61 g
Fett	5 g
Cholesterin	13 mg

⊞ Erdbeeren waschen, gut abtropfen lassen, entstielen, halbieren. Apfel und Birne entkernen und in kleine Stücke schneiden. Die Banane schälen und ebenfalls in kleine Stücke schneiden.

⊞ Zucker und Vanillezucker mischen und über das Obst geben. Die Früchte auf Portionsschälchen oder auf tiefen Tellern verteilen.

⊞ Je zwei EL Haferflocken über das Obst streuen. Den Joghurt über das Obst geben und mit den restlichen Haferflocken bestreuen.

tipp: Je nach Geschmack und Jahreszeit können natürlich auch andere Obstarten verwendet werden.

Präventionswert	
ungesättigte Fettsäuren	1 g
Vitamin C	85 mg
Vitamin E	1 mg
Kalzium	326 mg
Kalium	891 mg
Eisen	2 mg

Kefirbrot
international
einfach

1 Würfel frische Hefe
500 ml Kefir
1 TL Jodsalz
500 g Weizen- oder
Dinkelvollkornmehl
1 EL Getreideflocken

⊡ Die Hefe im handwarmen Kefir auflösen, dann Salz und Mehl hinzugeben und alles gut verrühren. Einen glatten Teig kneten.

⊡ Den Teig in eine gefettete, mit Getreideflocken bestreute Kastenform füllen und in den kalten Backofen stellen. Eine Stunde bei ca. 200 Grad (Umluft 180 Grad) backen. Das heiße Brot auf der oberen Seite mit etwas Wasser bepinseln und auf einem Kuchengitter auskühlen lassen

Zubereitungszeit	ca. 20 Minuten
	ohne Backzeit
Nährwert pro Portion	ca. 101 kcal
Ballaststoffe	2 g
Zusammensetzung	
Eiweiß	4 g
Kohlenhydrate	18 g
Fett	1 g
Cholesterin	–

tipp: Man kann den Teig durch die Zugabe einer Tasse Sesam-, Sonnenblumenkörner, Leinsaat oder Ähnlichem in seiner Ballaststoffbilanz verbessern.

Präventionswert	
Vitamin C	–
Vitamine der B-Gruppe	1 mg
Niacin	1 mg
Zink	0,6 mg

Apfel-Milchreis
international
einfach

¹/₂ l Vollmilch
200 g Rundkornreis
¹/₂ unbehandelte Zitrone, Schale
und Saft
¹/₂ Apfel
15 g Rosinen
1 EL Zucker
Zimt
Salz

Zubereitungszeit	ca. 30 Minuten
Nährwert je Portion	ca. 345 kcal
Ballaststoffe	0,66 g
Zusammensetzung	
Eiweiß	12 g
Kohlenhydrate	45 g
Fett	9 g
Cholesterin	32 mg

⊞ Milch mit einer Prise Salz und Zitronenschale zum Kochen bringen.

⊞ Reis hinzugeben und im geschlossenen Topf bei kleiner Hitze 25 Minuten quellen lassen.

⊞ Apfel entkernen, nach Geschmack mit oder ohne Schale raspeln. Rosinen und Zitronensaft hinzugeben.

⊞ Den Reis warm oder kalt mit geriebenem Apfel servieren und mit Zimt und Zucker bestreuen.

Präventionswert	
Vitamin C	140 mg
Vitamin E	0,47 mg
Provitamin A	0,08 mg
Vitamine der B-Gruppe	0,96 mg
Kalium	841 mg
Kalzium	338 mg
Phosphor	305 mg
Eisen	1 mg

Kräuter-Radieschen-Quark

Mitteleuropa
aufwändig

150 g Magerquark
40 ml Magermilch
1 TL Zitronensaft
Jodsalz
weißer Pfeffer
³/₄ Bund Radieschen
¹/₂ Bund Schnittlauch
¹/₂ Beet Kresse
¹/₂ Bund Kerbel
¹/₂ Bund Pimpinelle

⊞ Quark mit Milch glatt rühren, Zitronensaft zugeben.
⊞ Radieschen waschen, putzen und in feine Scheiben hobeln. Zum Quark geben.
⊞ Die Kräuter waschen und fein hacken, Schnittlauch in feine Röllchen schneiden. Alles unter den Quark heben und 15 Minuten ziehen lassen. Nochmals durchrühren, mit Salz und Pfeffer würzen.

Zubereitungszeit	ca. 40 Minuten
Nährwert pro Portion	ca. 82 kcal
Ballaststoffe	keine
Zusammensetzung	
Eiweiß	12 g
Kohlenhydrate	6 g
Fett	0,7 g
Cholesterin	1,9 mg

tipp: Schnittlauchröllchen gelingen am besten mit einer Schere. Dann werden die Röllchen schön gleichmäßig und der Schnittlauch nicht zerdrückt.

Präventionswert	
Vitamin C	30 mg
Vitamine der B-Gruppe	0,6 mg
Vitamin K	142 µg
Kalzium	144 mg

plus: Orotsäure, Sulfide, Kobalamin

Tomatendrink

⊞ Schalotte und Knoblauchzehe pellen und fein würfeln.

⊞ Tomatensaft und Kefir bzw. Buttermilch mischen, Würfelchen hinzugeben und mit dem Schneidstab des Handrührers pürieren. Abschmecken und im Glas mit einer Tomatenscheibe und Basilikumblättchen garniert servieren.

Zubereitungszeit	ca. 10 Minuten
Nährwert pro Portion	ca. 42 kcal
Ballaststoffe	keine

Zusammensetzung	
Eiweiß	3 g
Kohlenhydrate	6 g
Fett	0,4 g
Cholesterin	1,8 mg

Präventionswert	
Vitamin C	14 mg
Vitamin A	0,03 mg
Vitamine der B-Gruppe	0,37 mg
Eisen	0,6 mg
Jod	0,6 µg

plus: Chrom, Quercetin, Allicin, Lycopin

¹/₂ Schalotte oder kleine Zwiebel
1 Knoblauchzehe
¹/₈ l Tomatensaft
¹/₈ l Kefir oder Buttermilch
Paprikapulver, edelsüß
Jodsalz
Pfeffer, frisch gemahlen
Tomatenscheibe und
Basilikumblättchen zum Garnieren

Kefir-Drink, mild
Mitteleuropa
einfach · schnell

1 Banane
½ kleine Honigmelone
Saft von 1 Zitrone
250 g Kefir
50 ml Kokosmilch

Zubereitungszeit	ca. 10 Minuten
Nährwert pro Portion	ca. 142 kcal
Ballaststoffe	1 g
Zusammensetzung	
Eiweiß	5 g
Kohlenhydrate	18 g
Fett	5 g
Cholesterin	16 mg

tipp: Besonders hübsch sehen Gläser mit Crustarand aus. Dazu die Gläser am Rand mit Zitronensaft benetzen und in braunen oder weißen Zucker drücken.

⊞ Alle Zutaten sollten gut gekühlt sein.
⊞ Banane und Honigmelone schälen, Melone von den Kernen befreien. Fruchtfleisch klein schneiden. Mit Zitronensaft in den Mixer geben, pürieren. Mit Kefir auffüllen und Kokosmilch unterrühren. In Gläser füllen und mit Strohhalm servieren.

Präventionswert	
Vitamin C	32 mg
Vitamin A	0,05 mg
Vitamine der B-Gruppe	1,2 mg
Kalzium	172 mg
Kalium	746 mg
Eisen	0,6 mg
Jod	3,3 µg
plus: Lycopin	

Rhabarber-Erdbeer-Drink

Mitteleuropa
einfach

200 g Rhabarber
40 g Honig
100 g Erdbeeren
Saft von ¹/₂ Limette
Evtl. Früchte zur Dekoration

Zubereitungszeit	ca. 40 Minuten
Nährwert pro Portion	ca. 93 kcal
Ballaststoffe	–
Zusammensetzung	
Eiweiß	1 g
Kohlenhydrate	19 g
Fett	0,3 g
Cholesterin	–

tipp: Die Saison für Erdbeeren und Rhabarber ist sehr kurz. Sie können daher gleich größere Mengen des Drinks zubereiten und einfrieren. Über das Jahr ist er dann als Basis für Cremes und Drinks sehr gut zu verwenden.

⊞ Rhabarber waschen und putzen, in 2 cm lange Stücke schneiden. Mit dem Honig in einem Topf vermischen.

⊞ 125 ml Wasser zugießen und alles bei mittlerer Hitze ca. zehn Minuten köcheln.

⊞ Die Erdbeeren waschen, Stielansätze entfernen und grob zerkleinern. Früchte unter die Rhabarbermasse heben und erkalten lassen.

⊞ Rhabarber-Erdbeer-Mus und Limettensaft in einen Mixer füllen und pürieren.

⊞ Eiswürfel in Portionsgläser geben und mit dem Drink auffüllen. Mit Erdbeer-, Zitronen oder Limettenscheiben dekorieren und mit Strohhalm servieren.

Präventionswert	
Vitamin C	50 mg
Zink	0,26 mg
Eisen	1,2 mg
Kalium	363 mg

Fruchtmilch
international
einfach · schnell

*200 g Früchte der Saison
(Erdbeeren und Bananen eignen
sich besonders gut)
300 ml Milch
Honig nach Geschmack
Etwas Bourbon-Vanille
(pulverisiert)
einige Blättchen Zitronenmelisse
zur Dekoration*

Zubereitungszeit	ca. 10 Minuten
Nährwert pro Portion	ca. 256 kcal
Ballaststoffe	2 g
Zusammensetzung	
Eiweiß	6 g
Kohlenhydrate	25 g
Fett	3 g
Cholesterin	9 mg

⊞ Früchte waschen und putzen, Stielansätze entfernen. Einige Früchte ganz oder in Scheiben geschnitten für die Dekoration beiseite legen, den Rest grob zerkleinern.

⊞ In einen Mixer füllen, Milch, evtl. Honig und Vanille hinzufügen. Alles gut pürieren.

⊞ Zitronenmelisseblättchen vorsichtig waschen und trocken tupfen. Zerstoßene Eiswürfel in zwei Portionsgläser geben und mit Milk-Shake auffüllen.

⊞ Mit Früchtescheiben und Zitronemelisseblättchen dekorieren und mit Strohhalm servieren.

tipp: Pulverisierte Bourbon-Vanille erhält man im Reformhaus. Sie wird aus echten Vanilleschoten gewonnen und enthält weder künstliche Aromastoffe noch Zucker.

Präventionswert	
Vitamin C	40 mg
Vitamine der B-Gruppe	0,66 mg
Vitamin D	0,05 µg
Kalzium	187 mg
Kalium	474 mg
Zink	0,8 mg
plus: Kobalamin, Orotsäure	

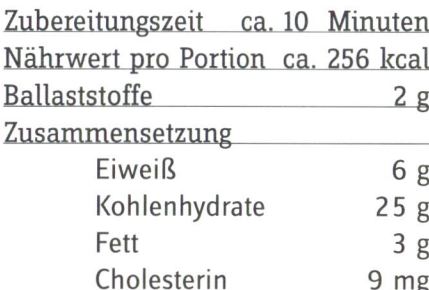

Suppen

Gazpacho Andaluz
mediterran
schnell · einfach

*200 ml passiertes Tomatenmark
bzw. -püree
50 g fettarme Milch
50 g Salatgurke
50 g Zwiebeln
25 g geröstetes Weißbrot
Gewürze (Pfeffer, Jodsalz)
nach Geschmack: Knoblauch,
frisch gepresst*

tipp: Das Süppchen schmeckt mit
frischem, selbstgemachtem Tomatenpüree natürlich noch besser.
Statt der fettarmen Milch kann
auch Joghurt genommen werden.
Selbstverständlich kann auch
anderes Gemüse (Zucchini, Paprika) Verwendung finden.

⊞ Tomatenmark und Milch verrühren, mit den Gewürzen
abschmecken und bis zum Verzehr kalt stellen. ·
⊞ Die übrigen Zutaten werden nach dem Servieren je
nach Geschmack auf die Suppe gegeben.

Zubereitungszeit	ca. 15 Minuten
Nährwert pro Portion	ca. 119 kcal
Ballaststoffe	4 g
Zusammensetzung	
Eiweiß	6 g
Kohlenhydrate	21 g
Fett	0,8 g
Cholesterin	1,5 g

Präventionswert	
Vitamin C	42 mg
Vitamin D	0,01 µg
Vitamin E	5,5 mg
Vitamin K	103 µg
Folsäure	69 µg

plus: Chrom, Lycopin, Quercetin,
Allicin, Alliin

Schnelle Tomatensuppe mit Mozzarella

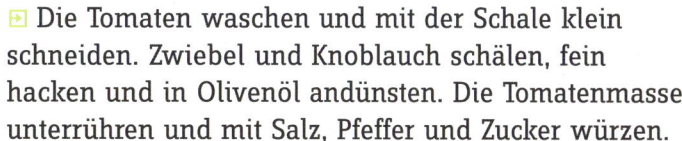

mediterran

einfach

500 g reife Fleischtomaten
½ Zwiebel
1 Knoblauchzehe
1 EL kaltgepresstes Olivenöl
Salz, Cayennepfeffer
1 Prise Zucker
¼ l Gemüsebrühe
½ Bund Basilikum
75 g Mozzarella

Zubereitungszeit   ca. 45 Minuten
Nährwert pro Portion   ca. 191 kcal
Ballaststoffe   –
Zusammensetzung

Eiweiß	10 g
Kohlenhydrate	8 g
Fett	12 g
Cholesterin	17 mg

⊞ Die Tomaten waschen und mit der Schale klein schneiden. Zwiebel und Knoblauch schälen, fein hacken und in Olivenöl andünsten. Die Tomatenmasse unterrühren und mit Salz, Pfeffer und Zucker würzen.
⊞ Die Gemüsebrühe aufgießen und 20 Minuten zugedeckt köcheln lassen.
⊞ Die Tomatensuppe kurz pürieren. Einige Basilikumblätter abzupfen, in schmale Streifen schneiden, untermischen.·
⊞ Die Suppe in Teller füllen, jeweils eine dünne Mozzarellascheibe auf die Suppe legen und mit etwas Olivenöl beträufeln. Die Suppe fünf Minuten im Backofen bei ca. 180 Grad überbacken und zum Schluss mit einem Blatt Basilikum verzieren.

tipp: Dieses Basisrezept lässt sich auf vielfältige Weise variieren oder verfeinern, z. B. mit einem Klacks Crème fraîche, mit gehackten Pistazien oder mit Brotcroutons.

Präventionswert

ungesättigte Fettsäuren	4 g
Vitamin C	63 mg
Kalzium	275 mg
Kalium	630 mg
Vitamine der B Gruppe	0,63 mg
Vitamin E	2, 64 mg
Folsäure	103 µg

plus: Chrom, Lycopin, Quercetin, Allicin, Alliin

Klare Paprikasuppe
international
aufwändig

2 rote Paprikaschoten
40 g Schalotten
$^1/_2$ Knoblauchzehe
1 TL kaltgepresstes Olivenöl
1 TL Tomatenmark
$^1/_2$ gestr. TL Paprikapulver edelsüß
500 ml Geflügelfond
2 Stiele Dill, $^1/_4$ Bund Petersilie
Jodsalz, Cayennepfeffer
1 TL Zitronensaft

▣ Paprikaschoten vierteln, putzen und mit der Hautseite nach oben nebeneinander auf ein Backblech legen. Unter dem Grill ca. sechs Minuten rösten, bis die Haut schwarz wird. Mit einem feuchten Tuch für zehn Minuten bedecken, anschließend häuten und grob hacken. Paprika in der Küchenmaschine fein pürieren.
▣ Schalotten und den Knoblauch schälen, Schalotten grob würfeln, Knoblauch durch die Presse drücken. Schalotten und Knoblauch im Olivenöl andünsten, Paprikapüree kurz mit andünsten, Tomatenmark und Paprikapulver schnell unterrühren. Mit dem Geflügelfond auffüllen und zehn Minuten köcheln lassen.
▣ Die Suppe vom Herd nehmen, die Petersilie und einen Stiel Dill dazugeben, zehn Minuten ziehen lassen.
▣ Anschließend durch ein Sieb gießen, Rückstände gut ausdrücken. Die Suppe nochmals erhitzen, mit Salz, Cayennepfeffer und Zitronensaft würzen. Mit etwas Dill in vorgewärmten Tellern servieren.

Zubereitungszeit	ca. 60 Minuten
Nährwert pro Portion	ca. 112 kcal
Ballaststoffe	-

Zusammensetzung	
Eiweiß	3 g
Kohlenhydrate	8 g
Fett	7 g
Cholesterin	-

Präventionswert	
ungesättigte Fettsäuren	2 g
Vitamin C	221 mg
Vitamin E	3,3 mg
Niacin	1 mg
Folsäure	33 µg
Kalium	375 mg

plus: Chrom, Allicin, Alliin, Lycopin, Quercetin

Italienische Bohnensuppe

mediterran
aufwändig

150 g frische Borlotti-Bohnen (oder
100 g getrocknete)
2 kleine, festkochende Kartoffeln
1 Möhre
1 kleine Stange Lauch
1 Stange Staudensellerie
1 kleine Zucchini
1 Tomate
$1/2$ Bund Borretsch, evtl. mit Blüten
zur Dekoration
$1/2$ Zwiebel
2 EL Olivenöl
Jodsalz,
Pfeffer, frisch gemahlen

Zubereitungszeit	ca. 70 Minuten
	ohne Einweichzeit
Nährwert pro Portion	ca. 290 kcal
Ballaststoffe	24 g
Zusammensetzung	
Eiweiß	20 g
Kohlenhydrate	33 g
Fett	12 g
Cholesterin	–

⊞ Frische Bohnen aushülsen, getrocknete über Nacht in Wasser einweichen. Kartoffeln und Gemüse waschen, schälen oder putzen, in Scheiben schneiden. Zwiebel schälen und in Ringe schneiden.

⊞ In einem großen Topf einen Liter Wasser zum Kochen bringen, mit einer Prise Salz würzen. Bohnen und vorbereitetes Gemüse hineingeben (getrocknete Bohnen erst 15 Minuten alleine garen, dann das übrige Gemüse mit in den Topf geben). 2 EL Olivenöl einrühren und die Suppe zugedeckt 20 Minuten bei kleinster Hitze zu einer dicken Suppe einköcheln.

⊞ Die Tomate überbrühen, enthäuten und entkernen, Fruchtfleisch grob zerteilen. Borretschblätter waschen und hacken. Beides nach 20 Minuten zum Gemüse geben, weitere zehn Minuten garen. Kurz vor Ende der Garzeit die Suppe nochmals richtig aufkochen. Sofort servieren. Bei Tisch mit Olivenöl und Pfeffer aus der Mühle abrunden.

tipp: Falls keine Borlotti-Bohnen zu finden sind, können diese einfach gegen Wachtel- oder Lumé-Bohnen – zu erkennen am rotgesprenkelten Muster – ausgetauscht werden. Wenn es schnell gehen soll, Bohnen und Tomaten aus der Dose nehmen, auch Kartoffeln gibt es inzwischen vorgegart.

Präventionswert	
ungesättigte Fettsäuren	8 g
Vitamin C	94 mg
Thiamin	0,4 mg
Riboflavin	0,3 mg
Niacin	5 mg
Provitamin A	0,01 mg
Vitamin E	2,4 mg
Eisen	4 mg

plus: Carotin, L-Ascorbinsäure
Sulfide, Lycopin, Quercetin

Suppen

Kresse-Wein-Süppchen

Mitteleuropa
einfach

50 g mehlig kochende Kartoffeln
250 ml Gemüsefond
$^1/_2$ Beet Kresse
3 TL süße Sahne
Evtl. 3 TL Weißwein
Salz
Pfeffer – frisch gemahlen
Zitronensaft
20 g Krabbenfleisch

⊞ Kartoffeln schälen, würfeln und in dem Gemüsefond in ca. zehn Minuten weich kochen.

⊞ Die Hälfte der Kresse abschneiden, zu den Kartoffeln geben. Sahne und ggf. Wein hinzufügen, alles mit einem Stabmixer pürieren. Mit Salz, Pfeffer und einem Spritzer Zitronensaft abschmecken.

⊞ Krabben mit dem restlichen Zitronensaft beträufeln und pfeffern. Suppe in Espressotassen füllen und mit Krabben und der restlichen Kresse bestreut servieren. Dazu passen Schwarzbrotecken.

Zubereitungszeit	ca. 30 Minuten
Nährwert pro Portion	ca. 155 kcal
Ballaststoffe	-

Zusammensetzung

Eiweiß	4 g
Kohlenhydrate	5 g
Fett	10 g
Cholesterin	36 mg

Präventionswert

ungesättigte Fettsäuren	4 g
Vitamin C	11 mg
Kalium	300 mg
Thiamin	0,07 mg
Riboflavin	0,07 mg
Niacin	1,6 mg
Vitamin A	0,08 mg
Jod	21 µg

tipp: Diese Menge reicht für zwei kleine Espressotassen als Vorspeise. Idealerweise bereitet man diese Suppe in größeren Portionen zu, da sie sich sehr gut einfrieren lässt. Kommen Gäste, einfach und rasch portionsweise auftauen und erwärmen.

Muschelsuppe
international
aufwändig

1 kg Miesmuscheln
½ Bund glatte Petersilie
1 Knoblauchzehe
1 EL kaltgepresstes Olivenöl
100 ml trockener Weißwein
150 ml Gemüsebrühe
1 TL Sonnenblumenmargarine
1 TL Mehl
½ Zitrone, längs geteilt
4 kleine Vollkornbrotscheiben
Salz

Zubereitungszeit	ca. 45 Minuten
Nährwert pro Portion	ca. 450 kcal
Ballaststoffe	11 g
Zusammensetzung	
Eiweiß	58 g
Kohlenhydrate	70 g
Fett	16 g
Cholesterin	660 mg

▣ Muscheln gründlich unter fließendem Wasser abbürsten. Bereits geöffnete Muscheln wegwerfen.·
▣ In einem großen Topf Olivenöl erhitzen, die abgepellte Knoblauchzehe hineinpressen. Petersilie grob hacken, die Hälfte davon mit andünsten. Gesäuberte Muscheln tropfnass hinzugeben und so lange garen, bis sich die Schalen öffnen (ca. fünf Minuten). Mit 100 ml Weißwein und 150 ml Gemüsebrühe begießen, leicht salzen und zehn Minuten garen. Muscheln herausnehmen und auf den Suppentellern verteilen.
▣ Margarine und Mehl verkneten, in der Brühe auflösen und glatt rühren.
▣ Die ½ Zitrone achteln, Brotscheiben leicht antoasten.
▣ Muscheln mit Brühe beträufeln und mit der restlichen Petersilie bestreut servieren. Zitronenachtel und Brot dazu reichen.

Präventionswert

ungesättigte Fettsäuren	5,7 g
Vitamin C	18 mg
Vitamine der B-Gruppe	2,8 mg
Vitamin A	0,3 mg
Vitamin K	167 µg
Vitamin D	2,3 µg
Folsäure	207 µg
Niacin	0,1 mg
Jod	538 µg
Zink	10 mg

plus: Allicin, Alliin, Sulfide

tipp: Als Variante empfiehlt sich, zum Schluss 250 g geschälte und passierte vollreife Tomaten mit in den Sud zu geben, das Ganze kräftig durch zu köcheln und die Sauce heiß über die Muscheln zu gießen. Vorsicht: Muscheln, die sich beim Kochen nicht geöffnet haben, sind ungenießbar!

Möhren-Aprikosen-Suppe
international
sehr aufwändig

50 g getrocknete Aprikosen
$^1/_4$ rote Chilischote
5 g frischer Ingwer
1 kleine Schalotte (10 g)
75 g Möhren
2 TL Sonnenblumenöl
1 Prise Currypulver (mittelscharf)
75 ml Kalbsfond
Wasser
1 Prise Zimt
1 Prise Muskatnuss (frisch
gerieben)
40 ml Weißwein
Jodsalz
$^1/_2$ Bund frischer Koriander

Zubereitungszeit	1 Stunde
plus 4-5 Stunden Einweichzeit	
Nährwert pro Portion	ca. 128 kcal
Ballaststoffe	-
Zusammensetzung	
Eiweiß	2 g
Kohlenhydrate	16 g
Fett	5 g
Cholesterin	-

⊞ Die Aprikosen in einem halben Liter lauwarmem Wasser vier bis fünf Stunden einweichen.

⊞ Die Chilischote aufschlitzen, entkernen und sehr fein hacken (den Rest anderweitig verwenden). Schalotte und Ingwer schälen, fein würfeln. Möhren schälen, in dünne Scheiben schneiden und abgedeckt beiseite stellen. Das Öl in einem Topf erhitzen, Schalotte und Curry dazugeben, kurz andünsten. Die Aprikosen abtropfen lassen, zwei Stück davon beiseite legen. Möhrenscheiben und restliche Aprikosen in den Topf geben. Mit Kalbsfond und 100 ml Wasser aufgießen. Ingwer, Chili, Zimt und Muskat dazugeben. Alles im geschlossenen Topf ca. zehn Minuten kochen lassen.

⊞ Möhren und Aprikosen in der Flüssigkeit mit einem Schneidstab zerkleinern. Weißwein dazugeben und die Suppe nochmals erhitzen. Salzen.

⊞ Die zurückgelegten Aprikosen in Streifen schneiden. Korianderblätter hacken (einige für die Dekoration zurücklassen) und unter die Suppe mischen. Aprikosenstreifen in vorgewärmten Tellern verteilen, mit heißer Suppe auffüllen und mit Korianderblättern dekorieren.

tipp: Diese Suppe ist eine feine Vorspeise für ein Menü. Es empfiehlt sich, direkt eine größere Menge zuzubereiten. Reste lassen sich portionsweise einfrieren.

Präventionswert	
ungesättigte Fettsäuren	4,8 g
Vitamin C	5 mg
Provitamin A	981 µg
Kalium	573 mg
Niacin	1,1 mg
plus: Sulfide	

Knoblauchsuppe
Orient
aufwändig

150 g gewürfeltes Weiß- oder
Toastbrot
$^{1}/_{2}$ Knolle Knoblauch
1 EL kaltgepresstes Olivenöl
$^{1}/_{2}$ TL Paprika edelsüß
Salz
Pfeffer, frisch gemahlen
500 ml Gemüsebrühe
2 Eier

⊞ Das Öl in einem Topf bei mittlerer Hitze erwärmen.
Die Brotwürfel darin goldbraun rösten, die Knoblauch-
zehen darüber pressen. Mit Paprika bestäuben, salzen,
pfeffern. Mit der Brühe ablöschen.
⊞ Die Suppe etwa 15 Minuten bei mittlerer Hitze
zugedeckt kochen lassen.
⊞ Inzwischen den Backofen auf 200 Grad vorheizen.
Die Suppe in feuerfeste Schalen geben und jeweils ein
Ei vorsichtig in die Mitte der Suppe gleiten lassen.
⊞ Zehn Minuten im Ofen überbacken.

tipp: Nach Geschmack kann die Suppe auch vor dem
Servieren noch mit etwas geriebenem Käse oder mit
Croutons bestreut werden.

Zubereitungszeit	ca. 40 Minuten
Nährwert pro Portion	ca. 388 kcal
Ballaststoffe	3,8 g
Zusammensetzung	
Eiweiß	14 g
Kohlenhydrate	44 g
Fett	16 g
Cholesterin	217 mg

Präventionswert	
ungesättigte Fettsäuren	12 g
Vitamin C	6 mg
Vitamin A	0,16 mg
Riboflavin	0,25 mg
Pantothensäure	1,1 mg
Vitamin K	153 µg
Folsäure	58 µg
Niacin	4 mg
Jod	17 µg
plus: Allicin	

Suppen

Vorspeisen

Marinierte Orangen
mediterran
einfach

2 große Blutorangen
2-3 EL kaltgepresstes Olivenöl
Jodsalz
Pfeffer, frisch gemahlen

Zubereitungszeit ca. fünf Minuten

Nährwert pro Portion   ca. 157 kcal

Ballaststoffe   1 g

Zusammensetzung

Eiweiß		0,6 g
Kohlenhydrate		5 g
Fett		10-15 g
Cholesterin		-

⊞ Orangen schälen, von der inneren weißen Haut befreien und in Scheiben schneiden.
⊞ Auf zwei Tellern dekorativ nebeneinander anrichten. Mit dem Olivenöl begießen. Etwas Salz und reichlich Pfeffer darüber streuen.

tipp: Diese Vorspeise aus frischen Orangen und Olivenöl war und ist eine willkommene vitaminreiche Nahrung während der Wintermonate. Insbesondere frische rote Blutorangen enthalten viel Vitamin C, Fruchtzucker und wichtige Mineralstoffe.

Präventionswert

Ungesättigte Fettsäuren	8-11 g
Vitamin C	75 mg

Gefüllte Melone
international
einfach

2 kleine Honigmelonen
100 g Weintrauben
2 Stück gekochte Hähnchenbrust
(150 g)
2 EL Trinkjoghurt
Zitronensaft
Salz
2 Ananasscheiben zum Garnieren

Zubereitungszeit	ca. 20 Minuten
Nährwert pro Portion	ca. 277 kcal
Ballaststoffe	3 g
Zusammensetzung	
Eiweiß	15 g
Kohlenhydrate	51 g
Fett	1 g
Cholesterin	33 mg

⊞ Von den Melonen am Ansatz einen Deckel abschneiden, Kerne entfernen, Frucht aushöhlen und das Fruchtfleisch in Würfel schneiden.
⊞ Die Weintrauben waschen und entkernen. Das Hähnchenfleisch in Würfel schneiden.
⊞ Joghurt, Zitronensaft und eine Prise Salz mit den Melonenwürfeln, den Weintrauben und dem Hähnchenfleisch verrühren. In die Melonenschale füllen, mit Ananas dekorieren und eine Stunde kühl stellen.

Präventionswert	
ungesättigte Fettsäuren	0,3 g
Vitamin C	105 mg
Niacin	7,7 mg
Folsäure	101 µg
Kalium	1,2 g
Fluor	31 µg
plus: Bromelin (Bromelain), Karotinoide	

Vorspeisen

Tomaten-Basilikum-Quiche

international
einfach

⊞ **Für den Teig:**
125 g Mehl
1 Prise Jodsalz
1 kleines Ei
50 g Margarine
etwas Olivenöl zum Fetten der
Form
⊞ **Für den Belag:**
250 g Tomaten
15 g frisches Basilikum
1 Eigelb
100 ml Sahne
Salz, Pfeffer

⊞ Die Zutaten für den Teig mischen, gut verkneten, zu einer Kugel formen. Diese in Frischhaltefolie gewickelt für ca. 30 Minuten kalt stellen. Den gekühlten Teig dünn ausrollen und zwei kleine, gefettete Tartelette-Formen damit auslegen.

⊞ Die Tomaten waschen, Stielansätze entfernen, in Scheiben schneiden und schuppenförmig auf den Teig legen. Gewaschene Basilikumblättchen fein hacken. Einige schöne Blätter zum Garnieren aufheben.

⊞ Eigelb mit der Sahne verquirlen, mit etwas Salz und Pfeffer abschmecken und das gehackte Basilikum unterrühren. Die Ei-Sahne-Mischung gleichmäßig verteilt über die Tomaten gießen, mit Basilikumblättchen verzieren.

⊞ Im vorgeheizten Backofen bei 180 Grad ca. 20 bis 30 Minuten backen. Heiß servieren.

Zubereitungszeit	ca. 15 Minuten
	ohne Ruhe- und Backzeit

Nährwert pro Portion	ca. 668 kcal
Ballaststoffe	–

Zusammensetzung	
Eiweiß	14 g
Kohlenhydrate	50 g
Fett	46 g
Cholesterin	299 mg

tipp: Für die Zubereitung in einer normalen Quiche-Form muss die Menge der Zutaten verdoppelt werden. Dann ist die Menge ausreichend für vier Personen.
Wenn es mal ganz schnell gehen soll, reicht auch fertiger Mürbeteig aus dem Kühlregal.

Präventionswert	
ungesättigte Fettsäuren	11 g
Vitamin C	31 mg
Provitamin A	727 µg
Vitamin A	0,6 mg
Vitamin D	2,5 µg
Vitamin E	7 mg
Folsäure	88 µg
Niacin	3,7 mg
Kalium	471 mg

plus: Chrom, Quercetin, Lycopin

Bruschetta con Pomodori
mediterran
einfach · schnell

2 Scheiben Bauernbrot
1 Knoblauchzehe
1 EL Olivenöl
2 vollreife Fleischtomaten
Basilikumblättchen
Jodsalz
Pfeffer, frisch gemahlen

⊡ Die Brotscheiben bei 200 Grad im Ofen anrösten.

⊡ Knoblauchzehe schälen und halbieren. Ein Stückchen von der Knoblauchzehe kräftig auf dem Brot verreiben und das Brot mit Olivenöl beträufeln.

⊡ Die Tomaten halbieren, Stielansätze entfernen, Flüssigkeit und Kerne entfernen, das Fruchtfleisch fein würfeln. Den Rest Knoblauch und die Basilikumblättchen fein hacken, zu den Tomaten geben und mit den Gewürzen abschmecken.

⊡ Die Tomatenmasse auf dem gerösteten Brot verteilen. Mit Basilikumblättchen garnieren.

Zubereitungszeit	ca. 15 Minuten
Nährwert pro Portion	ca. 156 kcal
Ballaststoffe	2,4 g
Zusammensetzung	
Eiweiß	3 g
Kohlenhydrate	24 g
Fett	5 g
Cholesterin	–

Präventionswert	
ungesättigte Fettsäuren	4,2 g
Vitamin C	35 mg
Folsäure	13 µg
plus: Chrom, Quercetin, Allicin, Lycopin	

Vorspeisen

Gambas in Knoblauchöl

250 g rohe Garnelen mit Schale
und Kopf
1 Chilischote
6 Knoblauchzehen
Olivenöl
Jodsalz
schwarzer Pfeffer, frisch gemahlen

⊞ Die Garnelen gut waschen und trocken tupfen.
⊞ Chilischoten entkernen und in schmale Streifen schneiden. Die Knoblauchzehen schälen, fein würfeln. Das Olivenöl in einer Pfanne erhitzen, Chilistreifen und den Knoblauch darin bei mittlerer Hitze leicht Farbe annehmen lassen (nicht bräunen, sonst wird er bitter).
⊞ Die Garnelen dazugeben, bei kleiner Hitze von allen Seiten knusprig und rot werden lassen. Mit Salz und Pfeffer würzen.

Zubereitungszeit	ca. 20 Minuten
Nährwert pro Portion	ca. 157 kcal
Ballaststoffe	-
Zusammensetzung	
Eiweiß	24 g
Kohlenhydrate	5 g
Fett	4 g
Cholesterin	172 mg

Präventionswert	
Vitamin C	4 mg
Niacin	8,2 mg
Kalium	465 mg
Jod	136 µg
Eisen	2,6 mg

plus: Allicin, ungesättigte Fettsäuren

tipp: Die Garnelen können vor dem Garen oder auch erst bei Tisch geschält werden. Ungeschält halten sie ihr Aroma aber besser und schmecken intensiver.

Makrelenmousse auf Rucola

2 Makrelenfilets, geräuchert,
ca. 250 g
25 g Butter
100 g Frischkäse
Saft einer halben Zitrone
Salz
Pfeffer
etwas neutrales Öl
2 EL kaltgepresstes Olivenöl
1 Bund Rucola
1 EL Balsamicoessig
1 TL Himbeersirup
Jodsalz, Pfeffer
TK-Kräuter (tiefgekühlte Salat-
kräuter)
einige Pinienkerne
einige frische Himbeeren
(falls saisonal verfügbar)

⊞ Die Makrelenfilets in der Küchenmaschine pürieren, Frischkäse und Zitronensaft hinzufügen. In einer kleinen Pfanne die Butter zerlassen, etwas abgekühlt der Masse beifügen. Sämtliche Zutaten gut durchmengen, so dass eine glatte Mousse entsteht. Mit Zitronensaft, Salz und Pfeffer abschmecken.

⊞ Eine Form mit etwas neutralem Öl auspinseln. Makrelenmousse hineingeben. Mindestens sechs Stunden kalt stellen.

⊞ Kurz vor dem Servieren die Form in heißes Wasser halten, Mousse stürzen. In zwei cm dicke Scheiben schneiden.

⊞ Für den Salat Rucola verlesen, waschen, trocknen. Olivenöl, Balsamicoessig, Himbeersirup, Gewürze und Kräuter gut vermischen.

⊞ Auf großen Tellern ein Rucola-Bett auslegen, mit dem Dressing beträufeln, obenauf die Makrelenmousse legen. Evtl. mit einigen Himbeeren oder ohne Fett frisch gerösteten Pinienkernen garnieren.

tipp: Wer die Mousse nicht stürzen möchte, sticht mit zwei in warmem Wasser getauchten Löffeln Nocken ab. Ohne Salat kann man die Makrelenmousse auch als Bestandteil eines Buffets servieren.

47

Zubereitungszeit	ca. 40 Minuten
Nährwert pro Portion	ca. 559 kcal
Ballaststoffe	4 g

Zusammensetzung

Eiweiß	33 g
Kohlenhydrate	5 g
Fett	48 g
Cholesterin	180 mg

Präventionswert

ungesättigte Fettsäuren	20 g
Vitamin C	72 mg
Provitamin A	1,3 mg
Vitamin K	364 µg
Vitamin D	1,6 µg
Vitamin E	5 mg
Niacin	1,2 mg
Kalium	1,2 g
Kalzium	134 mg
Phosphor	452 mg
Fluor	221 µg

plus: Lactucerol, Omega-3-Fettsäuren, Pektin

Vorspeisen

Mini-Ofenkartoffeln mit Lachstartar

Mitteleuropa
sehr aufwändig

12 kleine Kartoffeln
100 g frisches Lachsfilet,
ohne Haut
75 g Räucherlachs, ohne Haut
75 g Salatgurke
50 g Zwiebeln
$1/4$ Bund Dill
1 TL grober Dijonsenf
1 TL Sonnenblumenöl
Jodsalz
weißer Pfeffer
1/2 TL Zitronensaft (frisch
gepresst)
50 g Crème fraîche

⊞ Kartoffeln gründlich waschen, abtropfen und im Backofen bei 200 Grad (Gas Stufe 3, Umluft 30 Minuten bei 180 Grad) 45 Minuten auf der zweiten Einschubleiste von unten backen, dann kalt werden lassen.

⊞ Das Lachsfilet in drei Millimeter kleine Würfel schneiden. Auch den Räucherlachs fein würfeln, ebenso die geschälte und entkernte Gurke. Die Zwiebeln pellen, sehr fein würfeln und in einem Sieb kurz kalt abbrausen. Einen Dillzweig zum Garnieren zurücklegen, den restlichen Dill fein hacken.

⊞ Senf, Öl, Dill und Zitronensaft in einer Schüssel mischen und mit Salz und Pfeffer würzen. Lachs, Gurke und Zwiebeln unterheben. Alles im Kühlschrank 20 Minuten durchziehen lassen.

⊞ Die abgekühlten Kartoffeln auf einer Seite der Länge nach einschneiden. Den Tartar auf den Kartoffeln verteilen, mit einem Klacks Crème fraîche und etwas Dill garnieren, auf einer Platte anrichten.

Zubereitungszeit	ca. 90 Minuten
Nährwert pro Stück	ca. 95 kcal
Ballaststoffe	2 g
Zusammensetzung	
Eiweiß	5 g
Kohlenhydrate	12 g
Fett	3 g
Cholesterin	8 mg

Präventionswert	
Vitamin A	0,02 mg
Vitamin B-Komplex	0,5 mg
Vitamin C (L-Ascorbinsäure)	15 mg
Vitamin D	1,4 µg
Niacin	2,3 mg
Kalium	377 mg
Fluor	14 µg

plus: Zink, Omega-3-Fettsäuren, Sulfide

Muscheln, gratiniert
international
einfach

1 großes Glas eingelegte Muscheln
$^1/_4$ Grundrezept Tomatensauce
etwas geriebener Käse
(z. B. Gruyère oder Emmentaler)
einige Tropfen Olivenöl
1 EL Semmelbrösel

Zubereitungszeit   ca. 20 Minuten
Nährwert pro Portion ca. 307 kcal
Ballaststoffe   3 g
Zusammensetzung

Eiweiß	21 g
Kohlenhydrate	21 g
Fett	15 g
Cholesterin	204 mg

⊞ Die abgetropften Muscheln zu gleichen Teilen in kleine, feuerfeste Förmchen verteilen.
⊞ Üppig mit der Tomatensauce überziehen. Den geriebenen Käse über die Tomatensauce geben, dünn Semmelbrösel darüber streuen und mit etwas Olivenöl beträufeln.
⊞ Im Ofen bei ca. 180 Grad etwa 10 Minuten gratinieren, bis der Käse goldgelb ist.

tipp: Dieses Gericht eignet sich sehr gut als schnelle Vorspeise, wenn Gäste kommen. Oder mit etwas Blattsalatbeilage und getoasteten, in Scheiben geschnittenen Vollwertbrötchen als Abendessen.

Präventionswert

ungesättigte Fettsäuren	10 g
Folsäure	65 µg
Vitamin D	12 µg
Vitamin E	3,5 mg
Kalium	922 mg
Kalzium	183 mg
Jod	193 µg
Vitamin C	17 g

plus: Chrom, Lycopin, Quercetin

Couscous-Salat
Orient
einfach

▣ Couscous in Brühe aufkochen, bei milder Hitze sieben Minuten ausquellen und abkühlen lassen. Blätter vom Sellerie beiseite legen, die Stangen entfädeln und in dünne Scheiben hobeln.

▣ Gurke schälen, halbieren, entkernen und würfeln, leicht salzen, zur Seite stellen.

▣ Tomaten würfeln und auf Küchenpapier legen. Von den Zwiebeln das Weiße und Hellgrüne in feine Scheiben schneiden. Minze und Petersilie grob hacken.

▣ Zitronensaft mit Honig, einer Prise Salz und Pfeffer verrühren. Das Öl unterschlagen.

▣ Die Gurkenwürfel abtropfen lassen. Mit allen anderen Zutaten in eine Schüssel geben und mit der Salatsauce vermischen.

25 g Couscous
25 ml Gemüsebrühe
75 g zarter Staudensellerie mit Blättern
150 g Salatgurke
Jodsalz
150 g Tomaten
75 g Frühlingszwiebeln
2 Stiele frische Minze
1/2 Bund glatte Petersilie
2 EL Zitronensaft
1/2 TL Honig
Pfeffer
3 EL kaltgepresstes Olivenöl

Zubereitungszeit	ca. 30 Minuten
Nährwert pro Portion	ca. 313 kcal
Ballaststoffe	5 g

Zusammensetzung	
Eiweiß	4 g
Kohlenhydrate	37 g
Fett	16 g
Cholesterin	-

Präventionswert	
ungesättigte Fettsäuren	13 g
Vitamin C	42 mg
Provitamin A	325 µg
Vitamin E	3 mg
Folsäure	65 µg
Vitamin K	165 µg
Fluor	105 µg
Zink	0,8 mg

plus: Lycopin, Quercetin, Sulfide, Chrom

Apfel-Sellerie-Salat
international
aufwändig

20 ml Agavendicksaft
75 ml Wasser
75 g Cranberries oder frische
Preiselbeeren
$^1/_4$ Staudensellerie (250 g)
2 EL Apfelessig
Jodsalz
1 EL Maiskeimöl
1 EL Walnussöl
2 Äpfel (z. B. Elstar oder Boskop)

Zubereitungszeit	ca. 40 Minuten
Nährwert pro Portion	ca. 219 kcal
Ballaststoffe	5 g
Zusammensetzung	
Eiweiß	2 g
Kohlenhydrate	28 g
Fett	10 g
Cholesterin	–

tipp: Agavendicksaft (Reformhaus) ist reine, neutrale Fruchtsüße. Sie eignet sich in den meisten Fällen auch für die Zubereitung von Diabetiker-Speisen. 100 ml Agavendicksaft süßen wie 125 g normaler Zucker, sind aber um 200 kcal »leichter«.

⊡ Die Cranberries verlesen, waschen und gut abtropfen lassen.

⊡ Die Hälfte des Dicksafts mit 75 ml Wasser erhitzen, die Früchte in diesem Sirup einmal kurz aufkochen. Den Topf sofort in Eiswasser setzen, um den Kochprozess zu stoppen. Cranberries im Sirup abkühlen lassen.

⊡ Staudensellerie putzen. Die äußeren Stiele entfernen, die zarten inneren Stiele entfädeln, das Selleriegrün zerzupfen. Die Stangen in dünne Scheiben schneiden.

⊡ Essig, restlicher Agavendicksaft und Salz mit einem Schneebesen in einer Schüssel gründlich verrühren. Öl und Nussöl unterheben.

⊡ Die Äpfel schälen, vierteln, das Kerngehäuse entfernen. In dünne Spalten schneiden. Apfelspalten, Selleriescheiben und -grün mit der Salatsauce vermischen und zehn Minuten abgedeckt durchziehen lassen.

⊡ Die Cranberries in einem Sieb abtropfen lassen und unter den Salat heben – den Sirup anderweitig verwenden.

Präventionswert	
ungesättigte Fettsäuren	8 g
Vitamin C	25 g
Vitamin E	2,5 mg
Pantothensäure	0,5 mg
Kalium	571 mg
Kalzium	110 mg
Mangan	177 µg
plus: Quercetin, Pektin, Selen	

Vorspeisen

Griechischer Bauernsalat
mediterran
einfach

250 g Tomaten
$^1/_2$ Salatgurke
$^1/_2$ Zwiebel
50 g entkernte schwarze Oliven
15 g Anchovisfilets
Saft von $^1/_2$ Zitrone
3 EL kaltgepresstes Olivenöl
Jodsalz
Pfeffer
100 g Schafskäse, klein gewürfelt
einige Basilikumblättchen

Zubereitungszeit	ca. 30 Minuten
Nährwert pro Portion	ca. 397 kcal
Ballaststoffe	3 g
Zusammensetzung	
Eiweiß	12 g
Kohlenhydrate	7 g
Fett	35 g
Cholesterin	33 mg

⊞ Tomaten waschen, Stielansätze entfernen und vierteln. Die Gurke waschen und ungeschält in dünne Scheiben hobeln. Die geschälte Zwiebel in feine Ringe schneiden.
⊞ Zitronensaft und Olivenöl in eine Schüssel geben und mit Salz und Pfeffer abschmecken.
⊞ Anchovisfilets in Stücke teilen und mit den Salatzutaten und den abgetropften Oliven zur Salatsauce geben.
⊞ Zum Schluss den kleinen gewürfelten Schafskäse und die Basilikumblättchen locker unter den Salat mischen. Sofort servieren!

Präventionswert	
ungesättigte Fettsäuren	22 g
Vitamin C	46 mg
Vitamin A	0,1 mg
Vitamin E	3,3 mg
Folsäure	100 µg
Niacin	3,2 mg
Kalium	599 mg
Kalzium	308 mg
Fluor	158 µg
Zink	1,5 mg

plus: Lycopin, Quercetin, Chrom, Sulfide

Chicoréesalat mit Mandarinen

international
einfach

250 g Chicoree
2 frische Mandarinen
125 ml cremiger Joghurt
(0,1 % Fett)
$^1/_2$ TL Honig
Jodsalz
Pfeffer

⊞ Chicorée waschen, einige schöne äußere Blätter ablösen und zurücklegen. Einen Keil aus dem unteren Ende der Zichorie wegschneiden, er ist meist bitter. Den restlichen Chicorée in Ringe schneiden.
⊞ Die Mandarinen schälen und filetieren.
⊞ Joghurt, Honig, Salz und Pfeffer zu einer cremigen Sauce verrühren. Geschnittenen Chicorée und die Mandarinenfilets hinzugeben und verrühren.
⊞ Den Salat in tiefen Tellern auf den zurückgelegten Blättern verteilen. Sofort servieren!

tipp: Dieser Salat ist ein Vitamin-C-Knüller, solange die frischen Mandarinen nicht gegen Dosenfrüchte ausgetauscht werden.
Variante: Mit einer Handvoll klein gehackter Walnüsse im Salat und etwas Blauschimmelkäse (z. B. Roquefort, Bleu d'Auvergne) in der Joghurtsauce ist der Genuss perfekt, die Kaloriensünde aber auch.

Zubereitungszeit	ca. 20 Minuten
Nährwert pro Portion	ca. 87 kcal
Ballaststoffe	2 g
Zusammensetzung	
Eiweiß	5 g
Kohlenhydrate	15 g
Fett	0,4 g
Cholesterin	–

Präventionswert	
Vitamin C	24 mg
Folsäure	67 µg
Provitamin A	655 µg
Niacin	1,3 mg
Kalium	417 mg
Kalzium	131 mg

Vorspeisen

Chinakohl-Melonen-Salat
international
einfach

⊞ Chinakohl waschen und in sehr feine Streifen schneiden. In einer Schüssel mit dem Salz durchkneten, zehn Minuten stehen lassen.

⊞ Öl, Essig und Senf verrühren.

⊞ Die Melone teilen, mit einem Löffel die Kerne entfernen. Vom Fruchtfleisch Stücke abstechen und zur Salatsauce geben. Mit dem Chinakohl vermengen. Gut gekühlt servieren.

Zubereitungszeit	ca. 20 Minuten
Nährwert pro Portion	ca. 91 kcal
Ballaststoffe	4 g
Zusammensetzung	
Eiweiß	3 g
Kohlenhydrate	7 g
Fett	6 g
Cholesterin	–

ca. 300 g Chinakohl
1 gestr. TL Kräutersalz
2 EL Olivenöl
1 TL Balsamicoessig
1/2 TL Senf
1/2 reife Galia- oder Honigmelone

Präventionswert	
ungesättigte Fettsäuren	5 g
Vitamin C	72 mg
Niacin	1,6 mg
Vitamin K	387 µg
Folsäure	154 µg
Kalium	525 mg
Fluor	32 µg
plus: Karotinoide	

Gurkensalat
Mitteleuropa
einfach · schnell

1 Salatgurke
2 EL Olivenöl
2 EL Buttermilch
1 Knoblauchzehe
Jodsalz
Dill (frisch, gehackt)
Petersilie (frisch, gehackt)

Zubereitungszeit	ca. 10 Minuten
Nährwert pro Portion	ca. 129 kcal
Ballaststoffe	2 g
Zusammensetzung	
Eiweiß	2 g
Kohlenhydrate	6 g
Fett	10 g
Cholesterin	-

⊞ Die Gurke schälen und in feine Scheiben hobeln.
⊞ Den Knoblauch schälen und pressen oder zerdrükken. Mit Olivenöl, Buttermilch und Salz zu einer Sauce verrühren.
⊞ Die Gurken und den Dill unterrühren. Mit Petersilie bestreut servieren.

Präventionswert	
ungesättigte Fettsäuren	9 g
Vitamin C	30 mg
Vitamin E	1,5 mg
Provitamin A	209 µg
Kalium	405 mg
Kalzium	58 mg
plus: Allicin	

Vorspeisen

Geflügelsalat
international
aufwändig

☐ Die Hähnchenbrustfilets abspülen. In einem Topf Salzwasser erhitzen und die Filets 15 Minuten darin garen. Abtropfen und in Stücke schneiden.

☐ Die Orangen schälen, von der weißen inneren Haut befreien und Spalten filetieren. Die Banane schälen, in Scheiben schneiden und mit Zitronensaft beträufeln.

☐ Die Trauben halbieren, entkernen und mit dem restlichen Obst und dem in Stücke geschnittenen Hähnchenfleisch vermengen.

☐ Für die Marinade Mangochutney, Zitronensaft, Curry und etwas Salz verrühren, über die Mischung geben. Vorsichtig vermengen und gut gekühlt servieren.

Zubereitungszeit	ca. 55 Minuten
Nährwert pro Portion	ca. 244 kcal
Ballaststoffe	3 g
Zusammensetzung	
Eiweiß	25 g
Kohlenhydrate	30 g
Fett	1 g
Cholesterin	ca. 60 mg

Präventionswert	
ungesättigte Fettsäuren	0,5 g
Vitamin C	70 mg
Vitamin D	0,01 µg
Vitamine der B-Gruppe	1,2 mg
Niacin	15 mg
Kalium	841 mg
Magnesium	67 mg
Phosphor	258 mg
Eisen	1,3 mg
Fluor	63 µg
Kupfer	322 µg
plus: Flavonoide	

200 g Hähnchenbrustfilet
Jodsalz
2 Orangen
1 Banane
75 g blaue Weintrauben
Jodsalz
2 EL Mangochutney
Zitronensaft
Curry

Orangensalat
international

einfach

1 saftige Orange
1 kleine Fenchelknolle (75 g)
1 kleine rote Zwiebel
$^1/_2$ TL frische Rosmarinnadeln
1 TL Weißweinessig
2 EL kaltgepresstes Olivenöl
Jodsalz
Pfeffer, frisch gemahlen

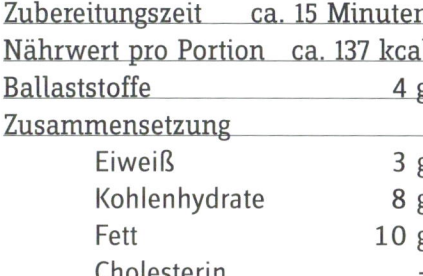

Zubereitungszeit	ca. 15 Minuten
Nährwert pro Portion	ca. 137 kcal
Ballaststoffe	4 g
Zusammensetzung	
Eiweiß	3 g
Kohlenhydrate	8 g
Fett	10 g
Cholesterin	–

☐ Die Orange mitsamt der inneren weißen Haut rundherum dick abschälen. Den austretenden Saft auffangen. Die Orange in Scheiben schneiden, Kerne entfernen und auf einer großen Platte ausbreiten.

☐ Fenchelknolle putzen, die harten äußeren Teile entfernen. Fenchelgrün zum Garnieren beiseite legen. Das zarte Fenchelherz in kleine Würfel schneiden.

☐ Die Zwiebel pellen und in sehr feine Ringe schneiden.

☐ Den aufgefangenen Orangensaft mit Essig und Öl verquirlen. Rosmarin fein hacken und untermischen. Mit Salz und Pfeffer abschmecken.

☐ Fenchelwürfelchen gründlich in der Sauce wenden und herausnehmen. Auf den Orangenscheiben verteilen. Zwiebelringe gleichmäßig darüber streuen, mit der restlichen Marinade beträufeln. Grob aus der Mühle pfeffern, mit Fenchelgrün garnieren.

Präventionswert	
ungesättigte Fettsäuren	8 g
Vitamin C	94 mg
Vitamin E	6 mg
Provitamin A	552 µg
Kalzium	103 mg
Kalium	457 mg
Phosphor	54 mg
Eisen	2 mg
Fluor	37 µg
Zink	0,3 mg

plus: Sulfide, Ätherische Öle

Vorspeisen

Hauptgerichte

Walnussrisotto mit Lauchgemüse

mediterran
aufwändig

1 EL Rosinen
2 EL Walnusskernhälften
½ Schalotte
1 EL Sonnenblumenmargarine
1 EL Walnussöl
100 g Risottoreis (Rundkornreis)
75 ml trockener Weißwein
350 ml Gemüsebrühe (Instant)
Jodsalz, weißer Pfeffer, frisch
gemahlen
1 Stange Lauch (Porree)
25 g geriebener Parmesan

⊡ Rosinen abspülen und mit warmem Wasser bedeckt etwa eine Stunde einweichen.

⊡ Nüsse grob hacken und in einem Topf ohne Fett anrösten, bis sie duften. Herausnehmen.

⊡ Schalotte schälen, fein hacken. Die Hälfte der Margarine und das Öl erhitzen, Schalotte und Reis darin andünsten. Die Hälfte Wein zugießen, unter Rühren verdampfen lassen. Nach und nach den übrigen Wein und die Brühe angießen, würzen. Den Reis bei schwacher Hitze unter häufigem Rühren ca. 30 Minuten ausquellen lassen.

⊡ Lauch putzen und in Ringe schneiden. Im erhitzten restlichen Fett fünf Minuten andünsten.

⊡ Lauch unter den Reis mischen, die abgetropften Rosinen zugeben, abschmecken. Nüsse darüber streuen und servieren. Den Käse dazu reichen.

Zubereitungszeit	ca. 60 Minuten
Nährwert pro Portion	ca. 475 kcal
Ballaststoffe	5 g

Zusammensetzung

Eiweiß	12 g
Kohlenhydrate	50 g
Fett	21 g
Cholesterin	10 mg

tipp: Für Risotto ist italienischer Arborioreis besonders gut geeignet.

Präventionswert

ungesättigte Fettsäuren	12 g
Vitamin C	19 mg
Vitamine der B-Gruppe	1,1 mg
Vitamin A	0,07 mg
Vitamin E	5 mg
Niacin	5,5 mg
Kalzium	242 mg
Kalium	511 mg
Zink	2 mg
Fluor	110 µg
Jod	23 µg

plus: Sulfide, Alliin, Selen

Möhren in Orangen-Sesam-Vinaigrette auf Basmatireis

Orient
aufwändig

Reis in Salzwasser ca. 20 Minuten garen.

Knoblauchzehe schälen und fein hacken. Chili halbieren, entkernen und die Hälfte ebenfalls fein hacken. Möhren stifteln, Sellerie in Scheiben schneiden.

Öl in einer Pfanne erhitzen, Knoblauch und Chili darin andünsten. Möhren und Sellerie dazugeben, fünf Minuten dünsten. Mit Salz, Pfeffer, Orangenschale und -saft, Nelken und Honig würzen. Bei schwacher Hitze weitere fünf Minuten ziehen lassen. Sesam zugeben, untermischen. Koriander hacken, über die Möhren streuen. Joghurt, Salz, Pfeffer verrühren, den Rest Knoblauch dazupressen. Minze hacken und unterrühren.

Möhren zum Reis servieren. Joghurt dazu reichen.

100 g Basmatireis
1 Knoblauchzehe
$1/2$ kleine rote Chilischote
500 g kleine Möhren
1 Stange Staudensellerie
1 EL kaltgepresstes Olivenöl
Jodsalz
schwarzer Pfeffer, frisch gemahlen
1 Orange, unbehandelt (Schale und Saft)
2 Gewürznelken
1 TL Honig
1 TL schwarzer Sesam
$1/2$ Bund frischer Koriander
150 g Joghurt
etwas frische Pfefferminze

Zubereitungszeit	ca. 40 Minuten
Nährwert pro Portion	ca. 398 kcal
Ballaststoffe	12 g

Zusammensetzung

Eiweiß	11 g
Kohlenhydrate	66 g
Fett	8 g
Cholesterin	–

Präventionswert

ungesättigte Fettsäuren	7 g
Vitamin C	38 mg
Vitamine der B-Gruppe	2 mg
Folsäure	0,1 mg
Niacin	4,3 mg
Provitamin A (Betakarotin)	4,1 mg
Vitamin E	2 mg
Kalium	1,4 g
Kalzium	320 mg
Eisen	4 mg
Fluor	149 µg
plus: Allicin	

Hauptgerichte

Tomatenrisotto
mediterran
einfach

1 kleine Zwiebel, fein gehackt
2 EL kaltgepresstes Olivenöl
400 ml heiße Gemüsebrühe
125 g Jasmin- oder Basmatireis
250 g Tomaten
1 EL geriebener Parmesan
Jodsalz
Pfeffer
4 Sorten frische Kräuter, z. B.
Schnittlauch, Oregano, Petersilie,
Basilikum

Zubereitungszeit	ca. 35 Minuten
Nährwert pro Portion	ca. 350 kcal
Ballaststoffe	3 g
Zusammensetzung	
Eiweiß	8 g
Kohlenhydrate	54 g
Fett	11 g
Cholesterin	4 mg

⊞ Die Zwiebel pellen und fein hacken, in einem TL Olivenöl hellgelb andünsten. 400 ml heiße Gemüsebrühe aufgießen, den Reis hinzufügen. Kurz aufkochen und zugedeckt bei geringer Hitze ca. 20 Minuten ausquellen lassen.
⊞ Tomaten waschen, Stielansätze entfernen und Fruchtfleisch in kleine Würfel schneiden. Mit Olivenöl und Parmesankäse mischen. Zum gegarten Reis geben.
⊞ Alles gut vermischen und mit Salz und Pfeffer abschmecken. Zum Schluss die kleingeschnittenen Kräuter hinzugeben und sofort servieren.

Präventionswert	
ungesättigte Fettsäuren	8 g
Vitamin C	35 mg
Vitamine der B-Gruppe	0,9 mg
Folsäure	63 µg
Vitamin E	4 mg
Niacin	4,4 mg
Kalzium	124 mg
Kalium	500 mg
Fluor	100 µg
Zink	2 mg

plus: Sulfide, Lycopin, Quercetin, Chrom

Gnocchi in Tomaten-Kräuter-Sahne

mediterran
aufwändig

200 g mehlig kochende Kartoffeln
ca. 40 g Mehl (Type 1050)
Jodsalz
1 kleine Schalotte
150 g frische Tomaten (ersatzweise eine Dose geschälte Tomaten, 200 g)
1 TL kaltgepresstes Olivenöl
weißer Pfeffer
1 TL Vollrohrzucker
1 TL Balsamicoessig
1 Bund frische Kräuter, z. B. Basilikum, Petersilie oder Salbei
1 TL Mascarpone (italienischer Frischkäse)

⊞ Kartoffeln schälen, in Stücke schneiden und in leicht gesalzenem Wasser ca. 15 Minuten gar kochen. Abgießen und gut abdampfen lassen.

⊞ Die Kartoffeln durch die Kartoffelpresse drücken oder sehr fein zerstampfen. Nach und nach Mehl und einen TL Salz unterkneten, so dass ein geschmeidiger Teig entsteht. Zugedeckt zehn Minuten ruhen lassen.

⊞ Währenddessen die Schalotte schälen und fein hakken, Tomaten fein würfeln. Öl in einem Topf erhitzen, die Schalotte darin glasig dünsten. Tomaten, Salz, Pfeffer und Zucker hinzugeben, alles bei schwacher Hitze ca. 20 Minuten köcheln lassen. Sauce mit Salz, Pfeffer und Balsamico abschmecken. Die Kräuter hacken und mit dem Mascarpone unter die Sauce rühren.

⊞ Aus dem Kartoffelteig daumendicke Rollen formen und 3 cm lange Stücke schneiden.

⊞ Reichlich Salzwasser aufkochen. Gnocchi darin portionsweise garen, bis sie an die Wasseroberfläche steigen. Gut abtropfen lassen und mit der Sauce servieren.

tipp: Wenn keine frischen Kräuter erhältlich sind, kann auch auf Tiefkühlkräuter ausgewichen werden.

63

Zubereitungszeit	ca. 60 Minuten
Nährwert pro Portion	ca. 205 kcal
Ballaststoffe	4 g
Zusammensetzung	
Eiweiß	5 g
Kohlenhydrate	36 g
Fett	3 g
Cholesterin	2 mg

Präventionswert	
ungesättigte Fettsäuren	3 g
Vitamin C	37 mg
Thiamin (Vitamin B1)	0,2 mg
Riboflavin (Vitamin B2)	0,1 mg
Vitamin K	91 µg
Niacin	2,8 mg
Folsäure	65 µg
Kalium	649 mg
Fluor	47 µg
plus: Sulfide, Quercetin, Lycopin, Chrom	

Artischockeneintopf mit Kartoffeln und Möhren

mediterran
aufwändig

25 ml Zitronensaft, frisch gepresst
250 g mittelgroße Artischocken
50 g Möhren
50 g Zwiebeln
1 Knoblauchzehe
100 g mittelgroße Kartoffeln, festkochend
1 TL Olivenöl
1 TL Anisschnaps (z. B. Ricard)
1 Lorbeerblatt
200 ml Gemüsebrühe
Jodsalz, weißer Pfeffer
Glatte Petersilie zum Garnieren

Zubereitungszeit	ca. 60 Minuten
Nährwert pro Portion	ca. 130 kcal
Ballaststoffe	16 g
Zusammensetzung	
Eiweiß	5 g
Kohlenhydrate	15 g
Fett	5 g
Cholesterin	–

⊞ Zitronensaft in einen Liter kaltes Wasser geben. Die Stiele der Artischocken auf ca. fünf cm kürzen, die Blätter mit einer Schere um ein Drittel kappen. Harte Außenblätter abtrennen und mit einem kleinen Messer das verbliebene Grün bis zum Stielende abschneiden. Die Artischocken Sechsteln und das »Heu« entfernen. Sofort in das Zitronenwasser geben, da sie sich sonst verfärben.

⊞ Möhren putzen und in dünne Scheiben schneiden. Zwiebeln schälen und würfeln, Knoblauch in dünne Scheiben schneiden. Die Kartoffeln schälen und längs sechsteln.

⊞ Olivenöl in einem Topf erhitzen, Zwiebeln und Knoblauch darin bei mittlerer Hitze drei Minuten andünsten. Mit Anisschnaps ablöschen. Möhren, Artischocken, Kartoffeln und Lorbeer dazugeben.

⊞ 200 ml vom Zitronenwasser und der Gemüsebrühe dazugießen, bei mittlerer Hitze alles 20 bis 30 Minuten kochen. Mit Salz und Pfeffer würzen und mit Petersilie garniert servieren.

Präventionswert	
ungesättigte Fettsäuren	5 g
Vitamin C	31 mg
Vitamin K	223 µg
Thiamin	0,3 mg
Riboflavin	0,1 mg
Niacin	2,8 mg
Kalium	836 mg
Kalzium	103 mg
Magnesium	55 mg
Fluor	102 µg

plus: Inulin, Betakarotin, Sulfide, Allicin, Alliin

Spaghetti Pomodoro

mediterran
schnell

250 g Spaghetti
1 Tomatensauce Grundrezept
¹/₂ Bund glatte Petersilie
1 kleines Stück Peperoncino
Jodsalz
Pfeffer, frisch gemahlen
Evtl. frisch geriebener Parmesan

Zubereitungszeit	ca. 15 Minuten
Nährwert pro Portion	ca. 525 kcal
Ballaststoffe	6 g
Zusammensetzung	
Eiweiß	20 g
Kohlenhydrate	94 g
Fett	7 g
Cholesterin	-

⊞ Spaghetti in reichlich Wasser »al dente« kochen.
⊞ Die feingeschnittene Petersilie und den Peperoncino unter die Tomatensauce rühren, mit Salz und Pfeffer abschmecken.
⊞ Spaghetti in eine vorgewärmte Schüssel füllen, Sauce dazugeben, umrühren, pfeffern und sofort servieren.
⊞ Dazu evtl. frisch geriebenen Parmesan reichen.

tipp: Tomaten geben das Gas Ethylen an die Raumluft ab. Benachbart lagernde Gemüse reifen dadurch schneller nach, Gurken vergilben. Tomaten sollten daher isoliert, aber nicht im Kühlschrank gelagert werden.

Präventionswert	
Vitamin C	36 mg
Provitamin A	501 µg
Folsäure	61 µg
Niacin	2,1 mg
Vitamin K	157 µg
Kalium	811 mg
Kalzium	111 mg
Magnesium	83 mg
Zink	2 mg

plus: Chrom, Lycopin, Quercetin

Geschichteter Gemüseeintopf

mediterran

sehr aufwändig

1 kleine Fenchelknolle (200 g)
2 Stauden Chicorée
200 g Möhren
2 Stangen Staudensellerie
½ Stange Lauch
½ kleiner Weißkohl (200 g)
50 g frisch geriebener Pecorino
(oder Parmesan)
1 Liter kräftige Gemüsebrühe
2 Knoblauchzehen
3 EL kaltgepresstes Olivenöl
Jodsalz
Pfeffer, frisch gemahlen

Zubereitungszeit	ca. 80 Minuten
Nährwert pro Portion	ca. 470 kcal
Ballaststoffe	18 g
Zusammensetzung	
Eiweiß	17 g
Kohlenhydrate	22 g
Fett	34 g
Cholesterin	20 mg

tipp: Die geschichtete Gemüsesuppe kann auch im Backofen gegart und erst zum Schluss mit etwas Käse bestreut überbacken werden. Sie eignet sich auch sehr gut zur Zubereitung in großen Mengen und lässt sich portionsweise einfrieren.

⊞ Gemüse waschen und putzen. Fenchelknolle quer in dünne Scheiben schneiden, Fenchelgrün aufbewahren. Chicorée, Möhren, Staudensellerie und Lauch in Scheiben, die Blätter des Weißkohls in schmale Streifen schneiden.

⊞ In einem großen Topf reichlich Salzwasser erhitzen. Alle Gemüsesorten darin portionsweise zwei Minuten blanchieren. Mit einem Schaumlöffel herausholen, kalt abschrecken und gut abtropfen lassen.

⊞ Topf ausspülen und abtrocknen. Den Topf mit zwei EL Olivenöl ausstreichen und erhitzen. Die Knoblauchzehen

Präventionswert	
ungesättigte Fettsäuren	22 g
Vitamin C	153 mg
Vitamine der B-Gruppe	8 mg
Provitamin A	4 mg
Vitamin E	15 mg
Folsäure	0,3 mg
Niacin	5,5 mg
Kalium	2 g
Kalzium	714 mg
Phosphor	460 mg
Magnesium	142 mg
Eisen	6 mg
Zink	3 mg
Mangan	1,2 mg

plus: ätherische Öle, Sulfide, Allicin

pellen und durch die Presse ins Öl drücken. Glasig dünsten.

⊞ In einem zweiten Topf die Brühe erhitzen. Währenddessen das Gemüse lagenweise in den anderen Topf schichten, jede Schicht mit etwas gedünstetem Knoblauch und geriebenem Käse bestreuen, mit etwas Olivenöl beträufeln und aus der Mühle pfeffern.

⊞ Die Brühe über das eingeschichtete Gemüse gießen, mit dem restlichen Käse bestreuen. Topf zudecken und die Minestra ca. 45 Minuten sanft köcheln.

⊞ Mit Fenchelgrün garniert servieren.

Kartoffelpizza
mediterran
sehr aufwändig

380 g mehligkochende Kartoffeln
380 g reife Tomaten
½ Bund glatte Petersilie
1 TL frischer Oregano
50 g schwarze Oliven
150 g Mozzarella
5 – 7 eingelegte Sardellenfilets
(Anchovis)
1 Knoblauchzehe
5 EL kaltgepresstes Olivenöl
50 g Mehl
Jodsalz
Pfeffer, frisch gemahlen

Zubereitungszeit   ca. 90 Minuten
Nährwert pro Portion ca. 370 kcal
Ballaststoffe   4 g

Zusammensetzung	
Eiweiß	13 g
Kohlenhydrate	22 g
Fett	25 g
Cholesterin	19 mg

Präventionswert	
ungesättigte Fettsäuren	16 g
Vitamin C	36 mg
Vitamin A	0,12 mg
Thiamin	0,17 mg
Riboflavin	0,23 mg
Vitamin D	2,7 µg
Folsäure	73 µg
Niacin	7 mg
Kalium	706 mg
Kalzium	189 mg
Zink	1,4 mg
Fluor	101 µg

plus: Lycopin, Quercetin, ätherische
Öle, Allicin

⊞ Kartoffeln waschen, in der Schale garen, noch heiß pellen und durch die Kartoffelpresse drücken. 1 TL Salz und 2 EL Olivenöl untermischen. Abkühlen lassen.

⊞ Tomaten kurz mit kochendem Wasser überbrühen, kalt abschrecken, enthäuten und entkernen. Fruchtfleisch grob zerkleinern, mit Salz bestreuen und in einem Sieb gut abtropfen lassen.

⊞ Sardellenfilets kurz abspülen, mit Küchenkrepp abtrocknen, evtl. halbieren.

⊞ Den Knoblauch durch die Presse drücken und unter die abgetropften Tomaten mischen. Mozzarella in kleine Würfel schneiden.

⊞ Backofen auf 200 Grad (Gas Stufe 3, Umluft 180 Grad) vorheizen.

⊞ Ein rundes Pizzablech (Durchmesser 28 cm) mit Olivenöl ausstreichen. Durchgepresste Kartoffeln mit 50 g Mehl verkneten. Den Teig auf dem Blech verteilen, gleichmäßig flach drücken und ringsum einen Rand hochziehen.

⊞ Tomaten auf den Kartoffelteig streichen, kräftig aus der Mühle pfeffern. Mozzarellawürfel, Sardellen und schwarze Oliven darüber verteilen. Mit Oregano bestreuen, etwas Olivenöl darüber träufeln.

⊞ Im vorgeheizten Backofen etwa 40 Minuten (mit Unterhitze) backen. Gehackte Petersilie über die Kartoffelpizza streuen.

tipp: Der Teig muss so durchgeknetet werden, dass er nicht an den Händen kleben bleibt. So richtig zum »satt essen« reicht eine Pizza für zwei Personen, als Vorspeise auch für vier.

Hauptgerichte

Artischockenomelett
mediterran
einfach

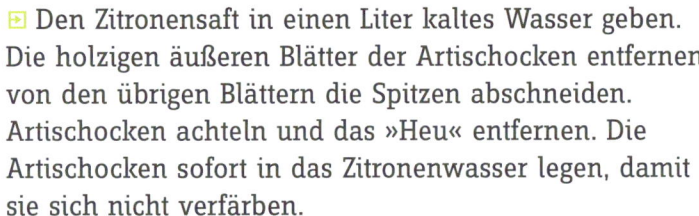

2 junge, zarte Artischocken
1 EL Zitronensaft
2 Eier
1 EL Magermilch
3 EL kaltgepresstes Olivenöl
1 TL Mehl
Jodsalz
Pfeffer

Zubereitungszeit	ca. 30 Minuten
Nährwert pro Portion	ca. 131 kcal
Ballaststoffe	13 g
Zusammensetzung	
Eiweiß	10 g
Kohlenhydrate	7 g
Fett	6 g
Cholesterin	218 mg

⊡ Den Zitronensaft in einen Liter kaltes Wasser geben. Die holzigen äußeren Blätter der Artischocken entfernen, von den übrigen Blättern die Spitzen abschneiden. Artischocken achteln und das »Heu« entfernen. Die Artischocken sofort in das Zitronenwasser legen, damit sie sich nicht verfärben.

⊡ Artischocken aus dem Zitronenwasser nehmen, abtropfen lassen, gut trocknen und mit Salz und Pfeffer würzen.

⊡ Olivenöl in einer Pfanne erhitzen. Die Artischocken mit dem Mehl bestäuben und im heißen Öl goldgelb backen. Herausnehmen, auf Küchenkrepp abtropfen lassen. Pfanne säubern.

⊡ Eier und Milch verquirlen, salzen und pfeffern. Das restliche Olivenöl in der Pfanne erhitzen, Artischocken hineingeben und die Eiermischung angießen. Die Unterseite goldgelb backen, dabei die Pfanne ab und zu rütteln. Omelett auf einen Teller gleiten lassen und wenden. Bei milder Hitze fertig backen. Heiß servieren.

Präventionswert	
ungesättigte Fettsäuren	4 g
Vitamin C	12 mg
Vitamin A	0,2 mg
Vitamin D	0,1 mg
Vitamin E	1,3 mg
Folsäure	1,2 µg
Niacin	3,4 mg
Kalium	520 mg
Kalzium	101 mg
Fluor	0,1 mg
plus: Bitterstoffe, Inulin	

Loup de Mer du four
mediterran
aufwändig

40 g Schalotten
30 ml Weißwein
80 ml Fischfond
2 Loup de mer Filets à 150 g
(ohne Haut, ersatzweise Zander)
einige Zweige glatte Petersilie
1 kleiner Zweig Rosmarin
Jodsalz, weißer Pfeffer
1/2 Bund Kerbel
40 g eiskalte Butter, gewürfelt

Zubereitungszeit	ca. 50 Minuten
Nährwert pro Portion	ca. 340 kcal
Ballaststoffe	–
Zusammensetzung	
Eiweiß	22 g
Kohlenhydrate	4 g
Fett	19 g
Cholesterin	153 mg

□ Die Schalotten pellen. Die Hälfte in dünne Scheiben schneiden und auf einem Backblech verteilen. Restliche Schalotten sehr fein würfeln und mit dem Wein und 40 ml Fond auf 1/8 der Menge einkochen lassen.

□ An den Fischfilets evtl. vorhandene Gräten mit einer Pinzette herausziehen. Petersilie und Rosmarin zu den Schalotten auf das Backblech legen. Den restlichen Fond darüber gießen.

□ Die Fischfilets salzen, pfeffern und nebeneinander auf das Beckblech legen und im vorgeheizten Ofen bei 200 Grad auf der 3. Einschubleiste von unten zehn Minuten garen (Gas Stufe 3, Umluft 7 Minuten bei 180 Grad).

□ Inzwischen den Kerbel fein hacken. Kurz vor Garzeitende das Schalottengemisch aufkochen. Die kalten Butterwürfel nach und nach mit einem Schneebesen unterrühren (»montieren«), bis eine cremige Sauce entsteht. Gehackten Kerbel untermischen und mit Salz und Pfeffer würzen.

□ Die Fischfilets mit einer Palette auf Teller setzen, evtl. kurz abtropfen lassen. Dazu die Sauce reichen.

Präventionswert	
ungesättigte Fettsäuren	7 g
Vitamin C	5 mg
Vitamin A	0,2 mg
Vitamin K	76 µg
Niacin	2,7 mg
Vitamin D	7 µg
Kalium	557 mg
Jod	75 µg
Fluor	169 µg
plus: Allicin	

Hauptgerichte

Gedünstete Lachsforelle

⊡ Die Forelle säubern und mit Salz abreiben. Die Bauchhöhle mit grob gehackten Knoblauchzehen, einigen Zitronenscheiben, Pfeffer und den Kräutern füllen. Die Forelle in eine Alufolie einwickeln.
⊡ Im vorgeheizten Backofen bei 200 Grad etwa 30 Minuten garen und sofort servieren.

tipp: Die oben angeführten Kräuter und Gewürze können beliebig variiert werden. Besonders gut schmecken zur Lachsforelle als Beilage wilder Reis und Gemüse (Zucchini, Spinat). Bei größeren Fischen entsprechend längere Garzeiten beachten!

Zubereitungszeit	ca. 10 Minuten
Nährwert pro Portion	ca. 305 kcal
Ballaststoffe	-

Zusammensetzung	
Eiweiß	55 g
Kohlenhydrate	3 g
Fett	7 g
Cholesterin	157 mg

*1 kleine Lachsforelle,
küchenfertig, ca. 500 g
2-3 Knoblauchzehen
1/2 Zitrone
Glatte Petersilie
Dill, frisch oder tiefgefroren
weitere Kräuter nach Belieben
Gewürze (Pfeffer, Jodsalz)*

Präventionswert	
ungesättigte Fettsäuren	0,2 g
Vitamin C	13 mg
Provitamin A	134 µg
Vitamin K	70 µg
Vitamin E	5 mg
Kalium	1 g
Magnesium	78 mg
Jod	11 µg
plus: Allicin	

Lachssteak mit Zitronenpfeffer

☐ Die beiden Steaks säubern, von beiden Seiten mit etwas Zitronensaft beträufeln und salzen.

☐ In eine mikrowellenfeste Schale legen und mit reichlich Zitronenpfeffer bestreuen. Ca. fünf bis sechs Minuten in der Mikrowelle auf voller Leistung garen und mit Dill garniert servieren.

Bei Zubereitung im Backofen: Mit geringer! Fettzugabe im Backofen bei Ober- und Unterhitze auf jeder Seite ca. 3 – 5 Minuten bei 200 Grad garen (je nach Dicke der Lachssteaks).

tipp: Mit einigen Lachssteaks in der Tiefkühltruhe ist Man(n) jederzeit auf unerwarteten Besuch vorbereitet.

Zubereitungszeit	ca. 10 Minuten
Nährwert pro Portion	ca. 310 kcal
Ballaststoffe	0,16 g
Zusammensetzung	
Eiweiß	30 g
Kohlenhydrate	1 g
Fett	21 g
Cholesterin	66 mg

73

2 Lachssteaks à 150 g
¹/₂ Zitrone
Zitronenpfeffer
Salz
Dill

Präventionswert	
ungesättigte Fettsäuren	2,6 g
Vitamin C	8,12 mg
Jodid	51 µg
Kalzium	24 mg
Kalium	523 mg
Vitamin E	3,35 mg

Rotbarsch mit Mandeln und Rosmarin

mediterran
einfach

☐ Filets gründlich abspülen, trocken tupfen und mit Salz und Pfeffer einreiben. Ein mit Backpapier abgedecktes Backblech mit Rosmarinzweigen auslegen und den Fisch darauf legen. Mandeln, gehackten Knoblauch und Rosmarinnadeln in heißem Öl anrösten.

☐ Die Mischung auf den Filets anrichten, einen Rosmarinzweig drauflegen.

☐ Die Fische im vorgeheizten Backofen bei 200 Grad (Umluft 170 Grad, Gas Stufe 3) etwa 30 Minuten garen.

tipp: Runden Sie das Gericht mit Bauernbrot und Tomatensalat ab. Statt Rotbarsch kann übrigens auch Seehecht, Goldbrasse oder Meeräsche verwendet werden.

Zubereitungszeit	ca. 45 Minuten
Nährwert pro Portion	ca. 463 kcal
Ballaststoffe	2 g

Zusammensetzung

Eiweiß	57 g
Kohlenhydrate	2 g
Fett	25 g
Cholesterin	90 mg

Präventionswert

ungesättigte Fettsäuren	6 g
Vitamin C	3 mg
Vitamine der B-Gruppe	0,7 mg
Vitamin E	8 mg
Vitamin D	7 µg
Vitamin K	18 µg
Kalium	1 g
Magnesium	110 mg
Jod	298 µg
Zink	0,3 mg
Eisen	3 mg

plus: Omega-3-Fettsäuren, ätherische Öle, Selen, Allicin

2 Rotbarschfilets
Jodsalz
Pfeffer, frisch gemahlen
1 TL kaltgepresstes Olivenöl
2 Zweige Rosmarin
25 g ungeschälte, gehackte Mandeln
1 kleine Knoblauchzehe
1/2 TL Rosmarinnadeln
1 TL Olivenöl

Reispfanne mit Meeresfrüchten und Koriander

mediterran
aufwändig

150 g Pulpitos, tiefgefroren (kleine Kraken, 5 bis 7 cm lang)
250 g Venusmuscheln
$\frac{1}{2}$ Bund Suppengrün
$\frac{1}{2}$ Zwiebel
1 EL kaltgepresstes Olivenöl
2 große Tomaten
40 g Langkornreis
250 ml Gemüsebrühe
1 Lorbeerblatt
$\frac{1}{2}$ Bund frischer Koriander
Jodsalz
Pfeffer, frisch gemahlen

tipp: Wer frische Pulpitos bevorzugt, muss die Zubereitungszeit verlängern – sie benötigen ca. 1$\frac{1}{2}$ Stunden.

⊡ Die Pulpitos auftauen, abspülen, trocken tupfen und in mundgerechte Stücke teilen. Bei größeren Exemplaren das Innere des Körpers entfernen.
⊡ Die Muscheln abspülen und abtropfen lassen.
⊡ Das Suppengrün und die Zwiebel putzen und würfeln. Beides in heißem Öl goldgelb dünsten. Die Pulpitostücke hinzufügen und kurz mitdünsten.
⊡ Die Tomaten mit kochendem Wasser überbrühen, häuten und vierteln. Reis, Brühe, Tomatenviertel, Lorbeerblatt, Salz und Pfeffer zugeben und 15 Minuten köcheln. In den letzten fünf Minuten die Muscheln zugeben und mitgaren. Gehackten Koriander unterrühren, mit Salz und Pfeffer abschmecken.

Zubereitungszeit	ca. 60 Minuten
Nährwert pro Portion	ca. 298 kcal
Ballaststoffe	3 g
Zusammensetzung	
Eiweiß	27 g
Kohlenhydrate	22 g
Fett	10 g
Cholesterin	363 mg

Präventionswert	
ungesättigte Fettsäuren	6 g
Vitamin C	25 mg
Vitamine der B-Gruppe	1,3 mg
Provitamin A	417 µg
Folsäure	75 µg
Niacin	1,9 mg
Kalium	960 mg
Kalzium	120 mg
Magnesium	65 mg
Zink	4 mg
Fluor	0,6 mg
Mangan	4 mg
plus: Sulfide, Alliin	

Dorade mit Lorbeer
mediterran
einfach

2 Doraden à ca. 300 g
Jodsalz
4 Lorbeerblätter
2 kleine Zwiebeln
1 Knoblauchzehe
4 TL Chili-Öl

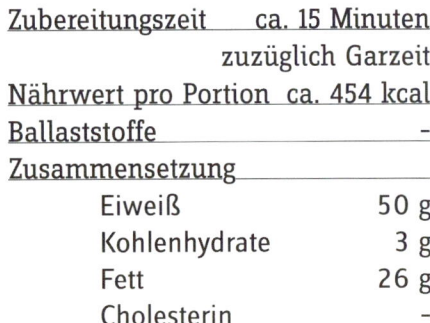

Zubereitungszeit	ca. 15 Minuten
	zuzüglich Garzeit
Nährwert pro Portion	ca. 454 kcal
Ballaststoffe	–
Zusammensetzung	
Eiweiß	50 g
Kohlenhydrate	3 g
Fett	26 g
Cholesterin	–

tipp: Chili-Öl lässt sich aus Chili-Schoten und Olivenöl leicht selbst zubereiten. Der Ansatz muss mehrere Tage ziehen.

⊞ Fische innen und außen waschen und trocken tupfen. Mit Salz einreiben. Je zwei Lorbeerblätter in den Bauch der Fische geben.

⊞ Zwei passende Stücke starke Alufolie auslegen und mit in Streifen geschnittener Zwiebel und Knoblauch bestreuen. Die Fische darauf betten und mit Chili-Öl beträufeln.

⊞ Dann die Folie locker zusammenfalten: Es soll Raum für entstehenden Dampf bleiben. Folienränder doppelt umschlagen und fest zusammen drücken. Die Fischpäckchen kühl stellen.

⊞ Den Backofen auf 200 Grad vorheizen. Fisch auf mittlerer Schiene 25 Minuten garen.

⊞ Die Päckchen auf Teller geben – man öffnet sie bei Tisch selbst.

Präventionswert	
ungesättigte Fettsäuren	8 g
Vitamin C	3 mg
Vitamin E	9 mg
Niacin	275 µg
Kalium	1,4 g
Kalzium	181 mg
Magnesium	155 mg
Zink	3 mg
Fluor	0,3 mg

plus: Omega-3-Fettsäuren, weitere Mineralstoffe, Sulfide, Allicin

Rotbarben in Papierhülle

4 mittelgroße Rotbarben, vom
Fischhändler geschuppt und ausgenommen
Saft einer halben Zitrone
50 g schwarze Oliven
2 Knoblauchzehen
8 EL kaltgepresstes Olivenöl
1 TL Pfefferkörner
3 Lorbeerblätter
Jodsalz
Pfeffer, frisch gemahlen
4 große Bögen dickes
Pergamentpapier

⊞ Fische waschen und in eine Schüssel legen.

⊞ Die Knoblauchzehen pellen und durch die Presse
drücken, mit dem Zitronensaft und vier EL Olivenöl
verrühren. Die Lorbeerblätter fein zerkrümeln, Pfefferkörner im Mörser zerstoßen. Beides in die Marinade
rühren.

⊞ Marinade über die Rotbarben träufeln. Mindestens
zwei Stunden im Kühlschrank durchziehen lassen,
einmal wenden.

⊞ Den Backofen auf 200 Grad (Gas Stufe 3, Umluft 180
Grad) vorheizen. 4 große Bögen dickes
Pergamentpapier mit je 1 EL Olivenöl einstreichen.

⊞ Rotbarben aus der Marinade nehmen und auf
das geölte Papier legen, salzen und pfeffern, mit der
Marinade beträufeln.

⊞ Die Oliven entsteinen und zerkleinern, auf die Portionen verteilen. Fische in die Papierbögen einwickeln,
Ränder umknicken und die Päckchen fest verschließen.

⊞ Im vorgeheizten Backofen etwa 8 Minuten garen.
Rotbarben in der Papierhülle servieren und erst bei
Tisch auspacken.

Zubereitungszeit	ca. 30 Minuten
plus 2 Stunden zum Marinieren	
Nährwert pro Portion	ca. 354 kcal
Ballaststoffe	-
Zusammensetzung	
Eiweiß	26 g
Kohlenhydrate	2 g
Fett	27 g
Cholesterin	-

Präventionswert	
ungesättigte Fettsäuren	16 g
Vitamin C	2 mg
Vitamin E	2,5 mg
Jod	2 µg
plus: Allicin, Omega-3-Fettsäuren	

Geschmorter Tintenfisch
mediterran
sehr aufwändig

300 g kleine Tintenfische
7 g getrocknete Pilze
150 g reife Tomaten
¹/₄ Bund glatte Petersilie
¹/₄ Bund Basilikum
200 ml trockener Weißwein
100 ml Fischfond
1 kleine Zwiebel
2 kleine Knoblauchzehen
2 EL kaltgepresstes Olivenöl
Jodsalz
Pfeffer, frisch gemahlen

Zubereitungszeit	ca. 90 Minuten
Nährwert pro Portion	ca. 320 kcal
Ballaststoffe	3 g
Zusammensetzung	
Eiweiß	27 g
Kohlenhydrate	6 g
Fett	13 g
Cholesterin	412 mg

⊞ Getrocknete Pilze im Weißwein einweichen.

⊞ Tintenfische gründlich putzen und waschen. Haut abziehen. Tentakeln jeweils mit Kopf vom Mantel abschneiden. Augen, Kauwerkzeuge und Innereien entfernen. Mantel in ¹/₂ cm breite Ringe schneiden.

⊞ Tomaten kurz überbrühen, enthäuten und entkernen.

⊞ Die Zwiebeln und Knoblauchzehen pellen und fein hacken.

⊞ In einer breiten Pfanne das Olivenöl erhitzen. Knoblauch und Zwiebeln darin andünsten.

⊞ Pilze abtropfen lassen, den Weinsud dabei auffangen. Pilze klein schneiden und mit in die Pfanne geben. Tomaten und Sud dazugeben, salzen und pfeffern. Ab und zu umrühren.

⊞ Tintenfischringe beifügen, zugedeckt ca. 50 Minuten weich schmoren. Nach und nach den Fischfond zugießen, dabei kräftig durchrühren.

⊞ Petersilie fein hacken, Basilikum in Streifen schneiden. Tintenfisch nochmals abschmecken, Kräuter einstreuen und sofort servieren.

Präventionswert	
ungesättigte Fettsäuren	9 g
Vitamin C	43 mg
Provitamin A	0,2 mg
Gruppe der B-Vitamine	1,2 mg
Vitamin K	0,2 mg
Vitamin D	1 µg
Vitamin E	6 mg
Folsäure	60 µg
Niacin	3,5 mg
Kalium	1 g
Kalzium	107 mg
Jod	24 µg
Zink	2 mg

plus: Lycopin, Quercetin, Sulfide, Allicin, Alliin

Chicken-Curry und Safranreis

sehr aufwändig

1 Hähnchenschenkel
1 Hähnchenbrustfilet
1 Zwiebel
2 EL kaltgepresstes Olivenöl
2 gehäufte TL Currypulver
$1/8$ l ungesüßte Kokosmilch
$1/2$ Banane
Jodsalz
125 g Basmatireis
0,5 g gemahlener Safran
1 TL Sonnenblumenmargarine
1 kleine Kochbanane

Zubereitungszeit	ca. 60 Minuten
	ohne Garzeit
Nährwert pro Portion	ca. 657 kcal
Ballaststoffe	3 g
Zusammensetzung	
Eiweiß	30 g
Kohlenhydrate	78 g
Fett	24 g
Cholesterin	88 mg

⊞ Fleisch waschen und trocken tupfen. Schenkel und Brustfilets jeweils einmal durchschneiden.

⊞ Zwiebel schälen, fein würfeln. 1 EL Olivenöl in einer Pfanne erhitzen, Zwiebeln, Fleisch hinzufügen und rundum kräftig andünsten. Curry zugeben und mitrösten. Hähnchenteile darin wenden, alles noch ein bis zwei Minuten dünsten. Brustfilets herausnehmen.

⊞ Kokosmilch und so viel Wasser angießen, dass das restliche Fleisch bedeckt ist. Die geschälte, kleinegeschnittene Banane und eine Prise Salz hinzugeben. Alles bei kleiner Hitze zugedeckt 35 bis 40 Minuten garen. Zehn Minuten vor Ende der Garzeit die Brustfilets wieder hinzugeben.

⊞ Backofen auf 120 Grad (Gas kleinste Stufe) vorheizen. Reis, Safran, Margarine und zwei Prisen Salz mit 200 ml Wasser in einem Topf auf dem Herd aufkochen. Im Ofen zugedeckt ca. 40 Minuten ausquellen lassen.

⊞ Kochbanane schälen und in Scheiben schneiden. Restliches Öl in eine Pfanne geben und Banane darin bräunen.

⊞ Vor dem Servieren das Curry nochmals erwärmen und mit Safranreis und gebratener Banane anrichten.

Präventionswert	
ungesättigte Fettsäuren	14 g
Vitamin C	13 mg
Vitamine der B-Gruppe	1,6 mg
Provitamin A	113 µg
Vitamin E	3 mg
Folsäure	42 µg
Niacin	1,7 g
Kalium	948 mg
Eisen	3 mg
Zink	4 mg
Fluor	3 mg
Mangan	102 µg

plus: Sulfide, Alliin, Isoflavonoide

Hähnchen Marseillaise

mediterran
einfach

1 Hähnchen
3 Tomaten
1 Paprikaschote
¼ Tasse Weißwein
¼ Tasse Gemüsebrühe
Saft einer halben Zitrone
Jodsalz
Pfeffer
Thymian
1 Knoblauchzehe

Zubereitungszeit ca. 15 Minuten
zuzüglich 90 Minuten Garzeit

Nährwert pro Portion ca. 750 kcal

Ballaststoffe 3 g

Zusammensetzung

Eiweiß	99 g
Kohlenhydrate	6 g
Fett	36 g
Cholesterin	337 mg

tipp: Als Beilagen passen Reis und Salat.

⊞ Den Tontopf (Römertopf) für 20 Minuten in kaltes Wasser legen.

⊞ Das Hähnchen waschen und trocken tupfen, in Stücke teilen, gleichmäßig salzen und pfeffern. Die Hähnchenteile in den gewässerten Tontopf hineinlegen.

⊞ Paprikaschoten und Tomaten waschen, vierteln und entkernen. Alles in Stücke schneiden und in den Tontopf geben. Knoblauch schälen und über das Gemüse pressen.

⊞ Weißwein mit Brühe, Zitronensaft, Salz, Pfeffer, Thymian verrühren. Die Flüssigkeit mit in den Tontopf geben.

⊞ Römer schließen und in den kalten Backofen stellen. Diesen dann auf 220 Grad einstellen und das Gericht 90 Minuten garen.

Präventionswert

ungesättigte Fettsäuren	23 g
Vitamin C	87 mg
Vitamine der B-Gruppe	3 g

plus: Lycopin, Quercetin, Allicin

Mariniertes Teufelshähnchen

Orient

sehr aufwändig

⊡ Hähnchen auf der Brustseite mit der Geflügelschere aufschneiden, flach drücken und auf ein Stück Alufolie legen.

⊡ Saft von zwei Zitronen mit Olivenöl, Salz und Pfeffer verquirlen. Die Chilischoten entkernen, winzig klein hacken (am besten mit Gummihandschuhen arbeiten oder danach sofort gründlich die Hände waschen). Salbeiblättchen in feine Streifen schneiden, mit dem Chili in die Marinade rühren.

⊡ Das Hähnchen mit der Marinade einreiben, in die Folie wickeln und zwei Stunden durchziehen lassen.

⊡ Backofen auf 200 Grad (Gas Stufe 3, Umluft 180 Grad) vorheizen. Hähnchen in der Folie auf das Backblech legen. Folie oben öffnen und zur Seite klappen. Hähnchen im Backofen ca. 1 Stunde garen. Mit Zitronenspalten garnieren.

Zubereitungszeit   ca. 120 Minuten
    plus 2 Stunden zum Marinieren
Nährwert pro Portion ca. 538 kcal
Ballaststoffe   -
Zusammensetzung

Eiweiß	40 g
Kohlenhydrate	-
Fett	41 g
Cholesterin	133 mg

1 kleines Brathähnchen
2 Zitronen
4-6 getrocknete Chilischoten
10 Salbeiblättchen
100 ml kaltgepresstes Olivenöl
Jodsalz
Pfeffer, frisch gemahlen

Präventionswert

ungesättigte Fettsäuren	32 g
Vitamin C	5 mg
Gruppe der B-Vitamine	1 mg
Vitamin E	3,6 mg
Niacin	1,5 g
Kalium	488 mg
Eisen	1,4 mg
Zink	1,4 mg
plus: Allicin	

Hauptgerichte

Geflügelragout mit Tomaten und Rührei
Hühnchen Marengo

international
sehr aufwändig

1 kleine Poularde (ca. 750 g)
3 ungeschälte Garnelen
400 g reife Tomaten
200 g Champignons
150 g Perlzwiebeln
$^1/_2$ Bund glatte Petersilie
$^1/_2$ Bund Basilikum
1 Knoblauchzehe
Saft einer halben Zitrone
2 Eier
100 ml trockener Weißwein
100 ml Hühnerbrühe
5 EL kaltgepresstes Olivenöl
Jodsalz
Pfeffer, frisch gemahlen

Zubereitungszeit	ca. 90 Minuten
Nährwert pro Portion	ca. 517 kcal
Ballaststoffe	3 g

Zusammensetzung

Eiweiß	28
Kohlenhydrate	74
Fett	29 g
Cholesterin	119 mg

Präventionswert

ungesättigte Fettsäuren	13 g
Vitamin C	29 mg
Vitamine der B-Gruppe	1 mg
Vitamin D	1,8 µg
Vitamin E	4 mg
Vitamin K	0,2 mg
Folsäure	91 µg
Niacin	4,9 mg
Kalium	1 g
Kalzium	111 mg
Magnesium	87 mg
Eisen	5 mg
Zink	5,3 mg
Fluor	106 µg

plus: Lycopin, Quercetin, Sulfide, Allicin,

▣ Poularde mit einem Messer in vier bis sechs Teile schneiden. Mit Salz und Pfeffer einreiben.

▣ In einem Schmortopf 3 EL Olivenöl erhitzen, die Geflügelteile hineingeben und zehn Minuten rundherum andünsten. Dann die Bruststücke herausnehmen und beiseite stellen.

▣ Nebenbei die Tomaten mit kochendem Wasser überbrühen, häuten, entkernen und grob hacken. Zum Geflügel geben. Weißwein und Hühnerbrühe einrühren. Knoblauchzehen pellen und durch die Presse dazudrücken. Zugedeckt 45 Minuten schmoren.

▣ Champignons putzen, die größeren evtl. halbieren. Perlzwiebeln pellen. 1 EL Olivenöl in einer Pfanne erhitzen, Pilze und Zwiebeln hineingeben, unter Rühren zehn Minuten sanft dünsten. Mit 1 EL Zitronensaft, Salz und Pfeffer würzen.

▣ Restlichen Zitronensaft in einem Topf aufkochen. Die Garnelen darin 6 Minuten köcheln, bis sie sich rötlich färben.

▣ Fertig gegarte Geflügelteile aus dem Topf nehmen, Sauce sämig einkochen und abschmecken. Geflügelteile zusammen mit den Bruststücken wieder hineingeben, alles noch mal richtig heiß werden lassen. Pilze und Zwiebeln einrühren.

▣ Restliches Olivenöl in der Pfanne erhitzen, Eier nacheinander aufschlagen und hineingleiten lassen. Mit einer Gabel leicht zum Rührei verquirlen und bei milder Hitze stocken lassen. Mit wenig Salz und Pfeffer würzen.

▣ Petersilie und Basilikum grob hacken. Das Geflügelragout mit Garnelen und Rührei anrichten, mit Basilikumblättchen und Petersilie bestreut servieren.

tipp: Ergänzen Sie das Geflügel mit noch mehr Gemüse, z. B. Staudensellerie und Frühlingszwiebeln. Zu diesem Gericht passt leicht angetoastetes Brot.

Gefüllte Kalbsbrustspitze

90 g getrocknete Feigen
Saft und Schale von einer Limette
25 g scharfer Senf
etwas Chili
500 g Kalbsbrustspitze (beim
Metzger vorbestellen)
15 ml Sonnenblumen- oder
Olivenöl
Saft einer halben Zitrone
2 Thymianzweige
2 Lorbeerblätter
80 g Möhren
125 g Knollensellerie
1-2 Frühlingszwiebeln
Jodsalz
Pfeffer
25 ml Sojasauce
250 ml roter Portwein

Zubereitungszeit   ca. 2 Stunden
              plus Zeit zum Marinieren
Nährwert pro Portion ca. 750 kcal
Ballaststoffe   -

Eiweiß	52 g
Kohlenhydrate	46 g
Fett	24 g
Cholesterin	-

Präventionswert

ungesättigte Fettsäuren	14 g
Vitamin C	20 mg
Vitamine der B-Gruppe	2,5 mg
Provitamin A	0,6 mg
Vitamin E	4 mg
Vitamin K	0,2 mg
Niacin	2,7 g
Kalium	1,7 mg
Kalzium	217 mg
Magnesium	126 mg
Eisen	10 mg
Zink	10 mg
Fluor	143 µg

plus: Karotinoide, Sulfide,
Isoflavonoide

⊡ Die Feigen grob würfeln und mit Limettensaft, Limettenschale, Senf und Chili pürieren.

⊡ In die Kalbsbrust der Länge nach eine Tasche schneiden. Den Feigensenf hineinstreichen. Die Öffnung mit Rouladennadeln verschließen. In eine große Arbeitsschale legen.

⊡ 10 ml Öl mit Zitronensaft mischen und auf das Fleisch träufeln. Thymian und Lorbeer drauflegen. Die Schale mit Klarsichtfolie abdecken und das Fleisch im Kühlschrank über Nacht marinieren.

⊡ Möhren und Sellerie schälen und in Stücke schneiden. Frühlingszwiebeln putzen, waschen und in 2 cm lange Röllchen schneiden.

⊡ Die Kalbsbrust aus der Schale nehmen, die Kräuter zur Seite legen. Das restliche Öl in einem Bräter erhitzen und die Kalbsbrust rundherum kräftig scharf anbraten. Mit Salz und Pfeffer würzen.

⊡ Die Kalbsbrust aus dem Bräter nehmen, das Gemüse hineingeben und anbraten. Mit der Sojasauce ablöschen und mit 100 ml Portwein auffüllen. Die Brust wieder in den Bräter geben und die Kräuter aus der Marinade darauf legen. Zugedeckt im vorgeheizten Ofen auf der zweiten Einschubleiste von unten bei 180 Grad (Gas Stufe 2-3, Umluft 160 Grad) ca. 90 Minuten schmoren. Den restlichen Wein nach und nach zugießen und das Fleisch immer wieder mit dem Bratfond begießen.

⊡ Die Kalbsbrust herausnehmen und warm stellen. Den Fond durch ein Sieb passieren und mit Salz und Pfeffer abschmecken. Die Kalbsbrust in Scheiben schneiden und mit der Sauce servieren.

Kalbsschnitzel mit Zitronensauce
Scaloppine al limone

mediterran
einfach

2 Kalbsschnitzel à 120 g
2 Zitronen, unbehandelt
3 EL kaltgepresstes Olivenöl
Jodsalz
weißer Pfeffer

Zubereitungszeit   ca. 20 Minuten
            plus Zeit zum Marinieren
Nährwert pro Portion ca. 251 kcal
Ballaststoffe   -
Zusammensetzung
Eiweiß	25 g
Kohlenhydrate	-
Fett	16 g
Cholesterin	84 mg

⊞ Die Kalbsschnitzel quer halbieren, etwa $1/2$ cm dünn klopfen.

⊞ Schale einer Zitrone fein abreiben, Zitronensaft auspressen. Beides mit 1 EL Olivenöl kräftig verquirlen und mit wenig Pfeffer würzen.

⊞ Marinade über die Schnitzel gießen, abgedeckt im Kühlschrank mindestens eine Stunde durchziehen lassen. Zwischendurch einmal wenden.

⊞ In einer Pfanne 2 EL Olivenöl verstreichen und erhitzen. Schnitzel aus der Marinade nehmen, gut abtropfen lassen. In die heiße Pfanne geben und von beiden Seiten zwei Minuten braten. Herausnehmen und zugedeckt beiseite stellen.

⊞ Zitronen-Öl-Marinade in die Pfanne geben. Zweite Zitrone auspressen, den Saft dazugeben und alles kräftig aufkochen. Umrühren, mit Salz und Pfeffer würzen und abschmecken.

⊞ Schnitzel in die Sauce legen und nochmals richtig heiß werden lassen. Auf vorgewärmten Tellern anrichten, mit der Sauce umgießen und sofort servieren.

Präventionswert
ungesättigte Fettsäuren	12 g
Vitamin C	7 mg
Gruppe der B-Vitamine	1 mg
Vitamin E	2 mg
Niacin	1,4 g
Kalium	414 mg
Magnesium	32 mg
Zink	4 mg

Gebeizte Lammkeule
mediterran
aufwändig

1 Lammkeule ohne Knochen, 300 g
2 EL kaltgepresstes Olivenöl
2 EL Sonnenblumenöl
2 - 3 Knoblauchzehen
1 Zitrone
Salz, Pfeffer,
Thymian, Rosmarin

Zubereitungszeit   ca. 60 Minuten
              plus Zeit zum Beizen
Nährwert pro Portion ca. 416 kcal
Ballaststoffe   0,4 g
Zusammensetzung

Eiweiß	32 g
Kohlenhydrate	3,5 g
Fett	31 g
Cholesterin	95 mg

tipp: Dieses festliche Gericht
verträgt sich gut mit Zucchini
und Brokkoli als Beilage.

⊞ Die Lammkeule mit Olivenöl, Zitronensaft, den in Scheiben geschnittenen Knoblauchzehen, Salz, Pfeffer und den Kräutern in einen mittelgroßen Gefrierbeutel geben. Den Beutel dicht verschließen und über Nacht kühl lagern.

⊞ Backofen auf 200 Grad vorheizen.

⊞ Die Lammkeule aus der Beize nehmen und in einer Pfanne mit Sonnenblumenöl von allen Seiten scharf anbraten, abtupfen und in eine Kasserolle überführen.

⊞ Die Beize komplett hinzugeben, Kasserolle mit einer Alufolie abdecken und ca. 50 Minuten im Ofen garen.

⊞ Das Fleisch vor dem Aufschneiden abgedeckt einige Minuten ruhen lassen.

Präventionswert

ungesättigte Fettsäuren	20 g
Vitamin C	2,6 mg
Kalzium	9 mg
Kalium	497 mg
Vitamin E	12 mg
plus: Allicin	

Hauptgerichte

Soßen, Dips & Beilagen

Mangochutney

1 Mango
1 Stückchen Ingwer, ca. 1,5 cm
$^1\!/_2$ frische, rote Chilischote
$^1\!/_2$ TL Kurkuma
Jodsalz
1 TL Honig
1 TL Apfelessig

⊡ Die Mango schälen und das Fruchtfleisch vom Kern trennen.
⊡ Ingwer schälen und fein hacken.
⊡ Chilischote entkernen, waschen und klein schneiden.
⊡ 100 ml Wasser in einen Topf füllen. Alle Zutaten darin zum Kochen bringen. 1 Stunde bei schwacher Hitze köcheln lassen, bis das Chutney eine marmeladenartige Konsistenz hat. Abkühlen lassen.

Zubereitungszeit	ca. 15 Minuten plus Koch- und Abkühlzeit
Nährwert pro Portion	ca. 61 kcal
Ballaststoffe	1 g
Zusammensetzung	
Eiweiß	0,5 g
Kohlenhydrate	14 g
Fett	–
Cholesterin	–

tipp: Weil das Chutney abkühlen muss, sollte es zubereitet sein, bevor das Hauptgericht gekocht wird.
Variante: Kochen Sie 1 EL Rosinen oder 1 EL gehackte Mandeln mit.

Präventionswert	
Vitamin C	25 mg
Gruppe der B-Vitamine	0,2 mg
Folsäure	23 µg
Niacin	0,5 mg
Magnesium	11 mg
Fluor	7 µg
Mangan	21 µg
Jod	1 µg

Tomatensauce Grundrezept

mediterran
einfach

5 vollreife Fleischtomaten
1 Schalotte oder Zwiebel
Staudensellerie
3 EL kaltgepresstes Olivenöl
1 TL Tomatenpüree oder -mark
1/2 TL Honig
1 Lorbeerblatt
1 Zweig frischer Thymian
2 Knoblauchzehen
Jodsalz
Pfeffer

⊞ Die Tomaten halbieren, Kerne entfernen, abtropfen lassen und in grobe Stücke schneiden, Knoblauch schälen.

⊞ Die Schalotte schälen und sehr fein hacken, Staudensellerie in feine Streifen schneiden. Beides bis zur Glasigkeit im Olivenöl erwärmen, aber nicht bräunen.

⊞ Tomatenstücke, Tomatenpüree, Honig, Lorbeerblatt und Thymianzweig dazugeben, Knoblauch darüber pressen.

⊞ Alles bei niedriger Temperatur ca. 15 Minuten köcheln lassen. Die Kräuter herausnehmen, die Sauce mit Salz und Pfeffer abschmecken.

Zubereitungszeit	ca. 25 Minuten
Nährwert pro Portion	ca. 215 kcal
Ballaststoffe	5 g
Zusammensetzung	
Eiweiß	3 g
Kohlenhydrate	15 g
Fett	16 g
Cholesterin	–

Präventionswert	
ungesättigte Fettsäuren	13 g
Vitamin C	49 mg
Folsäure	74 µg
Vitamin E	4 mg
Vitamin K	113 µg
Niacin	2 mg
Kalium	797 mg
Kalzium	104 mg

plus: Lycopin, Quercetin, Allicin, Sulfide, Chrom

tipp: Auch im gekauften Tomatenpüree oder -mark sind die krebsverhindernden Inhaltsstoffe der Frucht (das Karotinoid Lycopin sowie Quercetin) enthalten. Diese Stoffe wirken als »Radikalfänger« und beugen nachweislich Krebsarten wie dem Prostatakarzinom, Lungen- und Magenkarzinom vor.

Soßen / Dips / Beilagen

Rohe Tomatensauce
mediterran
schnell

500 g sehr reife Tomaten
(Freiland)
2 Knoblauchzehen
$^1/_2$ Bund Basilikum
4 grüne Oliven
4 EL kaltgepresstes Olivenöl
Jodsalz
Pfeffer, frisch gemahlen

⊞ Die Tomaten halbieren und entkernen. Das Fleisch
würfeln.
⊞ Knoblauchzehen schälen und pressen, die Basilikumblätter fein hacken, die Oliven entkernen und
ebenfalls klein schneiden.
⊞ Alles zusammen mit dem Olivenöl verrühren, mit Salz
und Pfeffer abschmecken. Mindestens zwei Stunden
ziehen lassen.

Zubereitungszeit	ca. 15 Minuten
	plus 2 Stunden zum Ziehen
Nährwert pro Portion	ca. 71 kcal
Ballaststoffe	3 g
Zusammensetzung	
Eiweiß	4 g
Kohlenhydrate	11 g
Fett	1 g
Cholesterin	-

tipp: Dieses Rezept sollten Sie nur
zubereiten, wenn wirklich Hoch-
sommer und das volle Tomaten-
aroma garantiert ist. Nur reife
Tomaten eignen sich, dann allerdings ist diese Sauce unübertreff-
lich gut.
Die Sauce passt hervorragend zu
Spaghetti und Reis.

Präventionswert	
ungesättigte Fettsäuren	1 g
Vitamin C	64 mg
Folsäure	103 µg
Vitamin E	2 mg
Niacin	2 mg
Kalium	687 mg
plus: Lycopin, Quercetin, Allicin, Chrom	

Joghurt, arabische Art

Orient
einfach, schnell

250 g Joghurt (mild, 0,1 % Fett)
1 kleine Salatgurke
2 Knoblauchzehen
$^1/_2$ Bund frische Minze
Jodsalz, Pfeffer

⊞ Die Salatgurke schälen und halbieren, die Kerne entfernen und das Fruchtfleisch in dünne Stifte schneiden.
⊞ Knoblauch pellen.
⊞ Die Minze waschen und trocken tupfen. Die Blättchen abzupfen und grob hacken.
⊞ Den Joghurt cremig rühren, Knoblauch mit der Presse dazu drücken, Gurke und Minze beigeben, alles gut verrühren. Mit Salz und Pfeffer abschmecken.

Zubereitungszeit	ca. 10 min
Nährwert pro Portion	ca. 81 kcal
Ballaststoffe	1 g
Zusammensetzung	
Eiweiß	7 g
Kohlenhydrate	10 g
Fett	1 g
Cholesterin	–

Präventionswert	
Vitamin C	20 mg
Folsäure	58 µg
Provitamin A	148 µg
Vitamin K	43 µg
Niacin	2 mg
Kalium	552 mg
Kalzium	210 mg
Magnesium	35 mg
plus: Allicin	

tipp: Schmeckt ausgezeichnet zu Lammfleisch, ist aber auch solo sehr erfrischend.

Soßen / Dips / Beilagen

Tzatziki mit Kefir
mediterran
einfach

½ Salatgurke, klein
1-2 Knoblauchzehen
125 g Kefir
50 g magerer Speisequark
1 EL kaltgepresstes Olivenöl
je 1 TL Dill, Kresse, Schnittlauch
(gehackt)
2 EL gemahlene Haselnüsse
Jodsalz
schwarzer Pfeffer

⊞ Gurke schälen, längs halbieren, die Kerne mit einem Teelöffel herauskratzen. Gurke fein würfeln oder mit einer groben Raffel reiben. Mit Salz bestreuen und zehn Minuten stehen lassen. Danach die Gurke gut ausdrücken.

⊞ Die Knoblauchzehen schälen und fein hacken.

⊞ Den Kefir mit Quark und Öl verrühren. Die gehackten Kräuter, Knoblauch, Gurken und Haselnüsse hinzufügen. Mit dem Kefirquark mischen.

⊞ Tzatziki mit Salz und Pfeffer abschmecken und vor dem Servieren gut kühlen.

Zubereitungszeit	ca. 20 Minuten
Nährwert pro Portion	ca. 179 kcal
Ballaststoffe	2 g
Zusammensetzung	
Eiweiß	9 g
Kohlenhydrate	7 g
Fett	12 g
Cholesterin	-

tipp: Tzatziki gehört zu den Standardrezepten jeder griechischen Hausfrau, und kann nach eigenem Geschmack abgewandelt werden. Die Haselnüsse können z. B. durch gekochte, gepresste Kartoffeln und die Kresse durch Zitronenmelisse ersetzt werden.

Präventionswert	
ungesättigte Fettsäuren	8 g
Vitamin C	10 mg
Vitamine der B-Gruppe	0,5 mg
Vitamin E	2 mg
Niacin	2,3 mg
Kalium	373 mg
Kalzium	120 mg
Magnesium	40 mg
Zink	1 mg

plus: Allicin, Selen

Süß-saure Möhren
mediterran
einfach

250 g junge, zarte Möhren
1 Kräutersträußchen aus frischem Rosmarin, Petersilie, Minze und Lorbeer
1/8 l trockener Weißwein
1/8 l Weißweinessig
1 Knoblauchzehe
1 TL Honig
2 EL kaltgepresstes Olivenöl
Jodsalz
Pfeffer
$^1/_2$ Bund Basilikum

Zubereitungszeit   ca. 25 Minuten
        plus 1-2 Tage zum Marinieren
Nährwert pro Portion   ca. 196 kcal
Ballaststoffe   5 g
Zusammensetzung

Eiweiß	2 g
Kohlenhydrate	13 g
Fett	10 g
Cholesterin	-

⊞ Möhren putzen und in 1 cm dicke Scheiben schneiden. Mit je 1/8 l Wasser, Wein und Essig in einen Topf geben, erhitzen.
⊞ Die Knoblauchzehen abziehen, halbieren und zusammen mit Honig und Olivenöl einrühren. Das Kräutersträußchen dazugeben. Deckel schließen und die Möhren zehn bis fünfzehn Minuten sanft garen.
⊞ Etwas abkühlen lassen, Knoblauch und Kräuter entfernen. Die Möhren in eine Schüssel geben.
⊞ Sud durch ein feines Sieb gießen, die Möhren damit beträufeln. Zugedeckt im Kühlschrank ein bis zwei Tage durchziehen lassen.
⊞ Zum Servieren mit frischen Basilikumstreifen bestreuen.

tipp: Dieses Gericht ist eine tolle Idee für ein buntes Buffet oder wenn viele Gäste erwartet werden, denn das eingelegte Gemüse lässt sich sehr gut vorbereiten.
Das Rezept kann auch mit anderen Gemüsen, z. B. Zucchinistiften, kleinen Zwiebeln oder weißen Rübchen abgewandelt werden.

Präventionswert

ungesättigte Fettsäuren	8 g
Vitamin C	10 mg
Provitamin A	1,8 mg
Vitamin E	2 mg
Kalium	490 mg
Magnesium	25 mg
Eisen	1,4 mg

plus: ätherische Öle, Allicin

Pellkartoffeln mit Quarkcreme

Mitteleuropa
einfach

500 g festkochende Kartoffeln
250 g Magerquark
250 g fettarmer Joghurt
2 EL Salatcreme
100 ml Magermilch
1 Packung TK-Kräuter (8 gemischt)
Jodsalz

Zubereitungszeit	30 Minuten
Nährwert pro Portion	380 kcal
Ballaststoffe	6 g
Zusammensetzung	
Eiweiß	29 g
Kohlenhydrate	49 g
Fett	5 g
Cholesterin	Spuren

⊞ Die Kartoffeln waschen, in einen Topf mit kaltem Wasser geben und aufsetzen. Wenn das Wasser kocht, für weitere 20 Minuten köcheln bis sie gar sind (Garprobe).
⊞ Wasser abgießen, Kartoffeln abschrecken, etwas abkühlen lassen und pellen.
⊞ Während der Kochzeit den Quark, Joghurt, Salatcreme, Milch, Salz und Kräuter zu einer cremigen Masse verrühren. Pikant abschmecken. Zu den Pellkartoffeln reichen.

tipp: Dieses Gericht wird auch von Kindern gerne gegessen.

Präventionswert	
Vitamin C	45 mg
Thiamin	0,4 mg
Riboflavin	0,8 mg
Niacin	10 mg
Kalium	1,4 mg
Kalzium	407 mg
Magnesium	87 mg
Zink	2 mg
Fluor	75 µg
Jod	36 µg

Kräuterkartoffeln im Tontopf
mediterran
aufwändig

500 g kleine, festkochende
Kartoffeln
je ¹/₂ Bund frischer Rosmarin,
Thymian und Salbei
etwas kaltgepresstes Olivenöl
grobes Meersalz

Zubereitungszeit	ca. 10 Minuten
	plus Garzeit im Ofen
Nährwert pro Portion	ca. 199 kcal
Ballaststoffe	6 g
Zusammensetzung	
Eiweiß	5 g
Kohlenhydrate	37 g
Fett	3 g
Cholesterin	–

⊡ Den Tontopf vorab im kalten Wasserbad für 15
Minuten wässern.

⊡ Die Kartoffeln gut waschen, evtl. abbürsten. Die
Kräuter waschen, grob zerteilen, d. h. Blätter oder
Stängel abzupfen.

⊡ Den Tontopf aus dem Wasserbad nehmen, abtropfen lassen, auf einem Handtuch abstellen. Boden mit
etwas Olivenöl auspinseln, mit gemischten Kräutern
auslegen. Hierauf folgt eine Lage Kartoffeln, die mit
etwas Olivenöl beträufelt und mit grobem Meersalz
bestreut wird. Es folgen weitere Schichten aus
Kräutern, Öl, Salz und Kartoffeln, bis der Untertopf
gefüllt ist.

⊡ Den geschlossenen Tontopf in den kalten Backofen
stellen. Ofen auf 200 Grad einstellen und Kartoffeln je
nach Größe in 45 bis 60 Minuten gar werden lassen.

Präventionswert	
Vitamin C	43 mg
Thiamin	0,3 mg
Riboflavin	0,1 mg
Niacin	4,2 mg
Folsäure	75 µg
Kalium	1 g
Magnesium	50 mg

Soßen / Dips / Beilagen

Brokkoli in Ingwer-Kokos-Sauce

☐ Ingwer und Knoblauch schälen, anschließend hacken. Chilischote halbieren, entkernen, eine Hälfte ebenfalls fein hacken.

☐ Brokkoli in Röschen teilen, dicke Stiele schälen und klein schneiden. Möhren schälen, in Scheiben schneiden. Pilze putzen, je nach Größe halbieren oder vierteln.

☐ Öl im Topf erhitzen, Knoblauch und Ingwer darin andünsten. Chili, Limettenblatt, Zitronengras, Möhren und Zwiebel zugeben und andünsten. Mit Kokosmilch ablöschen, würzen und fünf Minuten köcheln lassen.

☐ Reis mit der Kardamomkapsel in Salzwasser ca. 20 Minuten garen.

☐ Brokkoli und Pilze zum Möhrengemüse geben, noch acht Minuten weiter köcheln lassen.

☐ Vor dem Anrichten Limettenblatt und Zitronengras aus dem Gemüse, Kardamom aus dem Reis entfernen.

1 kleines Stück frischer Ingwer
1 Knoblauchzehe
$^{1}/_{2}$ kleine rote Chilischote
500 g Brokkoli
1 Zwiebel
2 Möhren
50 g Champignons
1 TL Sojaöl, Sojasauce
1 Limettenblatt
1 Stiel Zitronengras
$^{1}/_{2}$ Dose (200 ml) Kokosmilch
Jodsalz, Pfeffer, frisch gemahlen
100 g Basmatireis
1 Kapsel Kardamom

Zubereitungszeit	ca. 35 Minuten
Nährwert pro Portion	ca. 322 kcal
Ballaststoffe	11 g

Zusammensetzung	
Eiweiß	13 g
Kohlenhydrate	56 g
Fett	4 g
Cholesterin	–

Präventionswert	
Vitamin C	0,8 g
Provitamin A	1,5 mg
Vitamin E	3 mg
Vitamine der B-Gruppe	2 mg
Folsäure	265 µg
Magnesium	122 mg
Kalium	1,6 g
Kalzium	343 mg
Eisen	5 mg
Zink	3 mg
Jod	40 µg

plus: Phytoöstrogene, Allicin

tipp: Einige dieser Zutaten wird man wahrscheinlich nur in asiatischen Lebensmittelläden finden.

Überbackener Spargel

Mitteleuropa
aufwändig

500 g grüner Spargel
25 g frisch geriebener Parmesan
40 g Sonnenblumenmargarine
Jodsalz
Pfeffer, frisch gemahlen

Zubereitungszeit	ca. 50 Minuten
Nährwert pro Portion	ca. 244 kcal
Ballaststoffe	4 g
Zusammensetzung	
Eiweiß	9 g
Kohlenhydrate	5 g
Fett	20 g
Cholesterin	11 mg

⊞ Das untere Drittel der Spargelstangen dünn abschälen, das holzige Ende (ca. 1,5 cm) entfernen. Spargel waschen und zu zwei Bündeln zusammenbinden.
⊞ Spargelbündel aufrecht in einen Topf stellen und so viel heißes Wasser angießen, dass die Spitzen nicht bedeckt sind. Salzen, Deckel fest schließen und die Spargelstangen je nach Stärke zehn bis fünfzehn Minuten bissfest kochen.
⊞ Den Backofen auf 220 Grad (Gas Stufe 3, Umluft 200 Grad) vorheizen. Die Margarine in einem Topf oder in der Mikrowelle schmelzen, aber nicht bräunen.
⊞ Den Spargel abgießen und abtropfen lassen. Eine feuerfeste Platte mit einem EL der zerlassenen Margarine bestreichen. Die Spargelstangen versetzt in mehreren Lagen auf der Platte anrichten, die Köpfe sollen dabei möglichst frei liegen. Mit zerlassener Margarine beträufeln, den Parmesan gleichmäßig aufstreuen. Im vorgeheizten Ofen drei Minuten überbacken. Aus der Mühle pfeffern, sofort servieren.

tipp: Wenn Sie dieses Gericht mit weißem Spargel zubereiten, müssen Sie die Menge etwas großzügiger kalkulieren, denn weißer Spargel muss auf der ganzen Länge gründlich geschält werden. Auch die Garzeit verlängert sich, je nach Dicke der Stangen, um fünf bis zehn Minuten.

Präventionswert

ungesättigte Fettsäuren	2 g
Vitamin C	49 mg
Provitamin A	390 µg
Folsäure	0,2 mg
Vitamin E	8 mg
Vitamin K	0,1 mg
Niacin	4 mg
Kalium	520 mg
Kalzium	215 mg
Zink	1,5 mg

plus: Asparaginsäure

Frühlingsgemüse

150 g Brokkoli

2 kleine Stangen Staudensellerie

125 g grüner Spargel

125 g Zuckerschoten

1/2 Bund Frühlingszwiebeln

250 g kleine Tomaten

Saft von 1/2 Zitrone

3 TL Sonnenblumenmargarine

1/2 Bund Basilikum

1 EL Parmesan, frisch gerieben

1 EL Balsamicoessig

Jodsalz

Pfeffer, frisch gemahlen

1 Prise Muskatnuss,
frisch gerieben

⊡ Alle Gemüse putzen und waschen.

⊡ Brokkoli in Röschen zerlegen, dicke Stiele schälen und in dünne Scheiben schneiden.

⊡ Spargel schälen, die holzigen Enden abschneiden. Spargel und Staudensellerie in 3 cm lange Stücke schneiden. Die Frühlingszwiebeln vom Grün trennen, dabei einen 2 cm langen grünen Stiel stehen lassen. Restliches Grün in feine Ringe schneiden. Tomaten kurz mit kochendem Wasser überbrühen, enthäuten, entkernen und in schmale Spalten schneiden.

⊡ In einem großen Topf reichlich Salzwasser erhitzen, Zitronensaft beifügen und Gemüse nacheinander blanchieren: Spargelstücke fünf, Selleriestücke vier, Brokkoliröschen drei und Zuckerschoten zwei Minuten.

Zubereitungszeit	ca. 70 Minuten
Nährwert pro Portion	ca. 260 kcal
Ballaststoffe	12 g
Zusammensetzung	
Eiweiß	12 g
Kohlenhydrate	18 g
Fett	14 g
Cholesterin	-

Kalt abschrecken und abtropfen lassen. Die Brühe für
später aufheben.

⊞ In einer Pfanne zwei TL Sonnenblumenmargarine auf-
schäumen lassen. Weiße Zwiebelchen und Brokkolistiele
hineingeben und unter Rühren drei Minuten dünsten.
Blanchiertes Gemüse nach und nach untermischen und
ein paar Löffel Gemüsebrühe angießen. Tomatenspalten
zugeben. Vorsichtig umrühren. Geschlossen weiterdün-
sten, bis das Gemüse gar, aber noch schön knackig und
bissfest ist.

⊞ Mit einem EL Balsamico, wenig Salz, frisch gemahle-
nem Pfeffer und einer Prise Muskatnuss würzen. Mit
grünen Zwiebelringen, Parmesan und Basilikumblättchen
bestreut sofort servieren.

Präventionswert

ungesättigte Fettsäuren	1 g
Vitamin C	161 mg
Vitamine der B-Gruppe	1,4 mg
Provitamin A	1,2 mg
Vitamin K	0,3 mg
Vitamin E	6 mg
Niacin	7 mg
Kalium	1,5 g
Kalzium	340 mg
Eisen	4 mg
Zink	4 mg
Fluor	0,2 mg

plus: Sulfide, Lycopin,
Quercetin, Phytoöstrogene, Chrom

Soßen / Dips / Beilagen

Auberginen mit Sesamkruste
Fernost
sehr aufwändig

2 mittelgroße Auberginen
Jodsalz
25 g Pinienkerne
1/2 Bund frischer Koriander
1 Knoblauchzehe
1 TL Zitronensaft
50 ml kaltgepresstes Olivenöl
Pfeffer
40 g Parmesan, frisch gerieben
50 g Sesam
1 kleine Zwiebel
1 Stück Ingwer, ca. 25 g
1/2 frische, rote Chilischote
3 TL geröstetes Sesamöl
50 ml Teriyaki-Sauce
1 EL Sojasauce
3 TL Honig
100 ml Gemüsebrühe

Zubereitungszeit	ca. 90 Minuten
Nährwert pro Portion	ca. 872 kcal
Ballaststoffe	16 g
Zusammensetzung	
Eiweiß	19 g
Kohlenhydrate	33 g
Fett	74 g
Cholesterin	16 mg

Präventionswert	
ungesättigte Fettsäuren	56 g
Vitamin C	25 mg
Vitamine der B-Gruppe	1,1 mg
Vitamin E	8 mg
Folsäure	167 µg
Niacin	9 mg
Kalium	1,2 g
Kalzium	484 mg
Magnesium	161 mg
Eisen	5 mg
Zink	5 mg
Mangan	1,3 mg
plus: Allicin, Sulfide	

⊞ Auberginen putzen, waschen, die Stängelansätze entfernen. Endstücke abschneiden und fein hacken. Mittelstücke in 12 ca. 1,5 cm dicke Scheiben schneiden. Scheiben einsalzen und 15 Minuten ziehen lassen.

⊞ Inzwischen die Pinienkerne mit den gehackten Auberginenenden ohne Zugabe von Fett goldbraun rösten und abkühlen lassen.

⊞ Koriandergrün waschen und abzupfen, Knoblauch schälen. Beides mit der Pinienkernmischung, Zitronensaft und Olivenöl im Mixer pürieren. Mit Salz und Pfeffer würzen und die Hälfte des Parmesans untermischen.

⊞ Das Salz von den Auberginen abbrausen, Scheiben trocken tupfen und in zwei TL heißem Olivenöl von beiden Seiten fünf Minuten anbraten.

⊞ Backofen auf 200 Grad vorheizen. Eine Gratinform mit dem restlichen Olivenöl einpinseln. Vier Auberginenscheiben in die Gratinform legen, mit dem Korianderpesto bestreichen und mit den restlichen Auberginenscheiben bedecken. Übrigen Parmesan mit dem Sesam auf den Auberginenscheiben verteilen, glatt streichen. 20 Minuten überbacken.

⊞ Inzwischen für die Sauce Zwiebel und Ingwer schälen. Chilischote entkernen und alles fein hacken. In Sesamöl fünf Minuten dünsten. Teriyaki-Sauce, Sojasauce, Honig und Brühe dazugeben. Zehn Minuten köcheln lassen, durch ein Sieb gießen und abschmecken. Auberginen mit Sauce anrichten.

tipp: Für einige der Zutaten müssen Sie sich eventuell im Asiashop umsehen.

Ingwer sollte man so häufig wie möglich zu sich nehmen. Er enthält mindestens 10 Wirkstoffe gegen Viren. In der Naturheilkunde wird er auch gegen Schwindel und Reisekrankheiten eingesetzt.

Ratatouille

2 mittelgroße Tomaten
½ Zucchini
½ Aubergine
2 EL kaltgepresstes Olivenöl
1 Zwiebel, gehackt
1-2 Knoblauchzehen, zerdrückt
¼ Glas Weißwein (o. Rotwein)
Jodsalz
Pfeffer, frisch gemahlen
Reichlich frische Kräuter, gehackt,
z. B. Thymian, Schnittlauch,
Petersilie
25 g Parmesan, frisch gerieben

⊞ Tomaten entkernen und in Stücke schneiden. Zucchini und Aubergine waschen und in Scheiben schneiden. Aubergine mit Salz bestreuen und 30 Minuten liegen lassen.
⊞ In einer Pfanne das Öl erhitzen und die gehackte Zwiebel darin andünsten.
⊞ Die Auberginenscheiben mit kaltem Wasser abspülen, mit Küchenkrepp trocken tupfen.
⊞ Knoblauch, Zucchini- und Auberginenscheiben in die Pfanne geben und mitdünsten, bis sie goldbraun sind.
⊞ Tomatenstücke und Wein unterrühren, das Ganze zugedeckt eine halbe Stunde köcheln lassen. Mit Salz und Pfeffer abschmecken, gehackte Kräuter untermischen.
⊞ Mit Parmesankäse bestreut heiß servieren.

tipp: Ratatouille schmeckt frisch oder aufgewärmt, dazu passt Baguette. Auch prima für eine größere Runde mit Freunden, da Ratatouille beliebig in der Menge ergänzt werden kann.

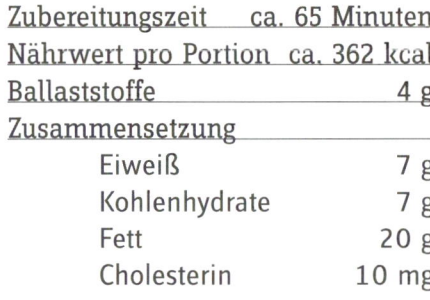

Zubereitungszeit	ca. 65 Minuten
Nährwert pro Portion	ca. 362 kcal
Ballaststoffe	4 g
Zusammensetzung	
Eiweiß	7 g
Kohlenhydrate	7 g
Fett	20 g
Cholesterin	10 mg

Präventionswert	
ungesättigte Fettsäuren	15 g
Vitamin C	28 mg
Folsäure	77 µg
Niacin	2 mg
Vitamin K	101 µg
Kalzium	194 mg
Kalium	557 mg
Zink	1 mg

plus: Lycopin, Quercetin, Sulfide, Allicin, Alliin, Chrom

Schwarzwurzeln
Mitteleuropa
einfach

250 g Schwarzwurzeln
etwas Zitronensaft
Jodsalz
Evtl. etwas Sonnenblumenöl
Evtl. etwas Parmesan

Zubereitungszeit	ca. 25 Minuten
Nährwert pro Portion	ca. 52 kcal
Ballaststoffe	5 g
Zusammensetzung	
Eiweiß	3 g
Kohlenhydrate	2 g
Fett	3 g
Cholesterin	–

☐ Schwarzwurzeln schälen und in Wasser mit etwas Zitronensaft und Salz kochen. Nach der Garzeit von ca. 15 bis 20 Minuten (Garprobe) das Kochwasser abgießen.

☐ Die Schwarzwurzeln pur genießen oder in etwas Sonnenblumenöl schwenken und / oder mit etwas frisch geriebenem Parmesan bestreuen.

105

tipp: Es empfiehlt sich, Schwarzwurzeln unter fließendem Wasser zu putzen, da ihr klebriger Saft die Hände hartnäckig verfärbt.

Präventionswert	
ungesättigte Fettsäuren	2 g
Vitamin C	5 mg
Vitamin E	8 mg
Kalzium	126 mg
Eisen	4 mg

Soßen / Dips / Beilagen

Grüne Bohnen mit Knoblauch

mediterran

einfach

⊞ Die Bohnen waschen, beide Enden abschneiden und vorhandene Fäden abziehen. In sprudelnd kochendem Salzwasser ca. 15 Minuten kochen und in einem Sieb gründlich abtropfen lassen.

⊞ Das Olivenöl in einem Topf erwärmen und die gehackten Knoblauchzehen darin dünsten, jedoch nicht bräunen.

⊞ Die abgetropften Bohnen mit dem warmen Knoblauchöl sacht vermischen. Mit Pfeffer abschmecken. Mit der gehackten Petersilie bestreut in einer vorgewärmten Schüssel als Gemüsebeilage servieren.

tipp: Kaufen Sie für das Gericht nur wirklich frische Bohnen!

500 g grüne Bohnen
$^1/_2$ TL Jodsalz
4 EL kaltgepresstes Olivenöl
2-4 Knoblauchzehen
Pfeffer
1 TL Petersilie, gehackt

Zubereitungszeit	ca. 25 Minuten
Nährwert pro Portion	ca. 259 kcal
Ballaststoffe	8 g
Zusammensetzung	
Eiweiß	7 g
Kohlenhydrate	11 g
Fett	20 g
Cholesterin	-

Präventionswert	
ungesättigte Fettsäuren	17 g
Vitamin C	60 mg
Vitamine der B-Gruppe	1,2 mg
Provitamin A	217 µg
Vitamin K	134 µg
Niacin	2,9 mg
Kalium	723 mg
Magnesium	68 mg
Kalzium	158 mg
Eisen	3 mg
Mangan	1,1 mg
Fluor	41 µg
Zink	1 mg

plus: Allicin, Alliin, Sulfide

Weiße Bohnen und Tomaten mit Salbei

international
sehr aufwändig

⊞ Bohnen über Nacht einweichen. Am nächsten Tag auf 1,5 Liter auffüllen, einen halben TL Salz einstreuen und die Bohnen darin zugedeckt bei kleinster Stufe mindestens eine Stunde köcheln lassen.

⊞ Tomaten mit kochendem Wasser überbrühen, enthäuten und entkernen. Salbeiblätter in feine Streifen schneiden. Knoblauchzehen pellen und hacken.

⊞ In einem großen Topf 3 EL Olivenöl erhitzen. Knoblauch und die Hälfte der Salbeistreifen darin andünsten. Bohnen abtropfen lassen und mit den Tomaten hinein geben, kräftig salzen und pfeffern. Zugedeckt etwa 20 Minuten garen.

⊞ In einer Pfanne das restliche Olivenöl erhitzen, die zweite Hälfte Salbei andünsten. Bohnen abschmecken und mit den Salbeistreifen bestreuen.

150 g weiße Bohnen
300 g reife Tomaten
8 frische Blätter Salbei
2 Knoblauchzehen
4 EL kaltgepresstes Olivenöl
Jodsalz
Pfeffer, frisch gemahlen

Zubereitungszeit	ca. 2 Stunden
	plus 12 Std. zum Einweichen
Nährwert pro Portion	ca. 412 kcal
Ballaststoffe	14 g

Zusammensetzung

Eiweiß	18 g
Kohlenhydrate	36 g
Fett	22 g
Cholesterin	-

Präventionswert

ungesättigte Fettsäuren	17 g
Vitamin C	33 mg
Vitamine der B-Gruppe	1,2 mg
Vitamin E	4 mg
Folsäure	0,2 mg
Niacin	4,8 mg
Kalium	1,3 g
Kalzium	106 mg
Magnesium	124 mg
Eisen	5 mg
Zink	2 mg
Fluor	102 µg
Mangan	1,4 mg

plus: ätherische Öle, Allicin

Soßen / Dips / Beilagen

Desserts & Backwaren

Mangocreme
international
aufwändig

2 Mangos
2-3 Limetten
1/2 Becher Sahne
1 Eiklar
Zucker / Süßstoff nach Belieben

Zubereitungszeit	ca. 30 Minuten
	plus Ruhezeit
Nährwert pro Portion	ca. 288 kcal
Ballaststoffe	2,4 g
Zusammensetzung	
Eiweiß	4,45 g
Kohlenhydrate	17 g
Fett	21g
Cholesterin	65 mg

⊞ Die Mangos schälen und das Fleisch vom Kern lösen. Mit dem Rührstab pürieren und den Limettensaft zugeben. Das Eiweiß und die Sahne in getrennten Gefäßen schaumig schlagen und separat behutsam unter das Mangomus unterheben.

⊞ Nach Belieben mit Zucker oder Süßstoff abschmecken. In eine Schale füllen und für einige Stunden im Kühlschrank ruhen lassen.

tipp: Die Creme ist krönender Abschluss für ein festliches Abendessen! Verwenden Sie reife Mangos. Sie geben auf leichten Fingerdruck nach und verströmen einen intensiv-aromatischen Duft. Unreife Früchte sollte man einige Tage dunkel, trocken und kühl gelagert nachreifen lassen.

Präventionswert	
ungesättigte Fettsäuren	1,2 g
Vitamin C	69 mg
Kalzium	71 mg
Kalium	355 mg
Vitamin E	1,8 mg
plus: Alliin	

Tiramisu mit Kefir

international·
einfach

☐ Die Löffelbiskuits in eine flache, rechteckige Auflaufform legen. Espresso und Likör vermischen und die Löffelbiskuits mit dieser Flüssigkeit tränken.

☐ Mascarpone und Kefir mischen.

☐ Die Sahne mit Honig, Vanille und Sahnesteif steif schlagen. Den Zimt unterrühren und unter die Mascarponemasse heben.

☐ Die Creme über die Löffelbiskuits in der Form geben und gleichmäßig darauf verstreichen. Mit Kakaopulver bestäuben und vor dem Servieren ein bis zwei Stunden in den Kühlschrank stellen.

100 g Löffelbiskuits
125 ml Espresso
3 TL Orangenlikör oder Amaretto
125 g Mascarpone
125 g Kefir
100 g Schlagsahne
1 TL Honig
¼ TL gemahlene Vanille
½ Päckchen Sahnesteif
½ TL Zimt
5 g Kakaopulver

Zubereitungszeit	ca. 25 Minuten
	plus Ruhezeit
Nährwert pro Portion	ca. 512 kcal
Ballaststoffe	2 g

Zusammensetzung

Eiweiß	16 g
Kohlenhydrate	49 g
Fett	28 g
Cholesterin	193 mg

Präventionswert

Vitamin C	–
Ungesättigte Fettsäuren	2,1 g
Vitamin B 12	0,4 mg
Vitamin A	1 mg
Vitamin D	1,2 µg
Niacin	3 mg
Kalzium	206 mg
Magnesium	40 mg
Zink	1,5 mg

Joghurt mit Erdbeeren

Mitteleuropa
schnell, einfach

250 g Joghurt (0,1 % Fett)
250 g frische Erdbeeren
1 TL Honig
einige frische Minze- oder
Zitronenmelisseblättchen

Zubereitungszeit	ca. 10 Minuten plus Kühlzeit
Nährwert pro Portion	ca. 110 kcal
Ballaststoffe	3 g
Zusammensetzung	
Eiweiß	6 g
Kohlenhydrate	17 g
Fett	1 g
Cholesterin	-

☑ Erdbeeren waschen. Die Hälfte davon pürieren.

☑ Joghurt und Honig vermischen.

☑ Die restlichen Erdbeeren klein schneiden und mit dem Joghurt und den pürierten Erdbeeren in Portions-schälchen anrichten. Mit Minze oder Zitronenmelisse garnieren. Vor dem Servieren kühl stellen.

tipp: Es empfiehlt sich, für dieses Rezept sehr reife, aromatische Erdbeeren zu verwenden. Statt Joghurt können Sie auch mit ein wenig Milch angerührten Quark verwenden.

Präventionswert	
Vitamin C	82 mg
Niacin	2,2 mg
Kalzium	206 mg
Magnesium	35 mg
Fluor	52 µg

Erdbeerquark

175 g Erdbeeren
150 g Magerquark
1 TL Magermilch
einige frische Minze- oder
Zitronenmelisseblättchen

☐ Die Erdbeeren waschen, den Stängelansatz entfernen und die Früchte vierteln, einige Früchte als Garnitur zurücklegen.
☐ Übrige Erdbeeren im Mixer pürieren.
☐ Den Quark mit der Milch cremig rühren. Das Erdbeerpüree spiralartig unterheben. In Portionsgläser füllen, mit einigen Blättchen frischer Minze oder Zitronenmelisse garnieren.
Gut gekühlt servieren.

Zubereitungszeit	ca. 30 Minuten
	plus Kühlzeit
Nährwert pro Portion	ca. 83 kcal
Ballaststoffe	2 g
Zusammensetzung	
Eiweiß	11 g
Kohlenhydrate	7 g
Fett	1 g
Cholesterin	–

Präventionswert	
Vitamin C	57 mg
Niacin	0,6 mg
Kalzium	100 mg
Mangan	0,2 mg

Joghurtcreme mit Zitronenmelisse

250 g Joghurt (0,1 % Fett)
25 g Vollrohrzucker
etwas gemahlene Bourbon-Vanille
3 Blatt weiße Gelatine
¹/₂ Limette mit unbehandelter
Schale
100 ml Schlagsahne (1/2 Becher)
¹/₂ Bund Zitronenmelisse

⊞ Blattgelatine zehn Minuten in kaltem Wasser quellen lassen.

⊞ Währenddessen Joghurt, Zucker und Vanille verrühren.

⊞ Limette gründlich abspülen, trocknen. Schale abreiben und beiseite stellen. Die Limette auspressen, den Saft unter den Joghurt rühren.

⊞ Gelatine ausdrücken, in heißem Wasser auflösen und ebenfalls unter den Joghurt rühren. Creme im Kühlschrank halb fest werden lassen (das dauert zehn bis fünfzehn Minuten).

⊞ Die Sahne steif schlagen und unter die Joghurtcreme rühren.

⊞ Zitronenmelisse waschen. Blättchen abzupfen, einige zum Garnieren zur Seite stellen. Restliche Blättchen in kleine Stücke zupfen. Mit 3 EL von der Joghurtcreme und der abgeriebenen Limettenschale verrühren.

⊞ Die helle Joghurtcreme in eine große Schale oder gleich in Portionsgläser füllen. Die grüne Zitronenmelissecreme spiralenartig darauf geben und mit einem Esslöffel einmal durchziehen, so dass Schlieren entstehen.

⊞ Die Joghurtcreme im Kühlschrank ganz fest werden lassen. Zum Servieren mit Zitronenmelisseblättchen garnieren.

Zubereitungszeit ca. 30 Minuten
plus Kühlzeiten
Nährwert pro Portion ca. 243 kcal
Ballaststoffe   -
Zusammensetzung

Eiweiß	7 g
Kohlenhydrate	19 g
Fett	15 g
Cholesterin	46 mg

Präventionswert

Ungesättigte Fettsäuren	5 g
Vitamin C	7 mg
Provitamin A	181 µg
Vitamin K	16 µg
Vitamin A	0,2 mg
Niacin	1,6 mg
Kalzium	222 mg

Rhabarber-Sorbet mit Pimpinelle

500 g Rhabarber
75 ml Roséwein oder Apfelsaft
75 g Vollrohrzucker
¹/₄ Zitrone, unbehandelt
¹/₄ Bund Pimpinelle
evtl. 1 EL Rosenwasser
1 Eiklar

⊞ Rhabarberstängel putzen, in kleine Stücke schneiden.

⊞ Wein oder Apfelsaft, Zucker und abgeriebene Zitronenschale aufkochen. Den Rhabarber zugeben, fünf Minuten kochen und abkühlen lassen. Alles mit dem Stabmixer pürieren.

⊞ Pimpinelle waschen, einige Blättchen zum Garnieren beiseite legen, den Rest fein hacken und unter das Rhabarberpüree mischen. Evtl. Rosenwasser unterrühren. Eine Stunde in den Kühlschrank stellen.

⊞ Eiweiß steif schlagen und unterheben. Die Masse in der Eismaschine 40 Minuten gefrieren lassen.

⊞ Ohne Eismaschine: Rhabarberpüree in einer flachen Schale mindestens 4 Stunden durchfrieren lassen. Mehrmals mit dem Stabmixer durcharbeiten, das erste Mal nach einer Stunde und dann alle weiteren 30 Minuten. Zum Servieren in Portionsgläser füllen und mit Pimpinelleblättchen garnieren.

Zubereitungszeit	ca. 20 Minuten
	(ohne Kühlzeit)
Nährwert pro Portion	ca. 207 kcal
Ballaststoffe	-
Zusammensetzung	
Eiweiß	3 g
Kohlenhydrate	44 g
Fett	-
Cholesterin	-

Präventionswert	
Vitamin C	25 mg
Vitamin K	28 µg
Niacin	1,4 mg
Kalium	779 mg
Kalzium	155 mg
Fluor	125 µg

115

Desserts / Backwaren

Birnen-Orangen-Kompott

Mitteleuropa
einfach

2 Birnen (à 150g)
Saft einer ½ Zitrone
2 Orangen
2 EL Honig
50 ml Orangensaft
30 g Pistazien

⊡ Die Birnen schälen, vierteln und entkernen. In Spalten schneiden und in Zitronenwasser legen. Orangen schälen, die weiße Haut gänzlich entfernen, Schnitze filetieren.

⊡ Honig in einem Topf erwärmen, mit dem Orangensaft ablöschen und fünf Minuten lang einkochen lassen. Pistazien, Birnen und Orangen dazugeben.

tipp: schmeckt auch warm!

Zubereitungszeit   ca. 25 Minuten
Nährwert pro Portion ca. 304 kcal

Ballaststoffe	7 g
Zusammensetzung	
Eiweiß	5 g
Kohlenhydrate	51 g
Fett	8 g
Cholesterin	–

Präventionswert	
Vitamin C	84 mg
Vitamine der B-Gruppe	0,6 mg
Kalium	564 mg
Kalzium	84 mg
Eisen	2 mg
Zink	0,2 mg
plus: Selen, Pektin	

Überbackene Honigbanane
Fernost
schnell, einfach

2 Bananen
etwas Butter, alternativ
Sonnenblumen- oder Distelöl
2 EL Honig
Evtl. Zimt, Curry
Evtl. Minzeblatt oder
Zitronenmelisse als Garnitur

Zubereitungszeit   ca. 10 Minuten
Nährwert pro Portion ca. 204 kcal

Ballaststoffe	2 g
Zusammensetzung	
Eiweiß	1 g
Kohlenhydrate	48 g
Fett	-
Cholesterin	-

tipp: Für Kinder kann als »Zugabe« Eis serviert werden.

⊞ Butter oder Öl in der Pfanne erhitzen. Die Bananen kurz auf beiden Seiten anbraten, mit Honig ablöschen, gegebenenfalls würzen und garnieren. Heiß servieren.

Präventionswert	
Vitamin C	15 mg
Folsäure	24 µg
Niacin	1,1 mg
Kalium	485 mg
Magnesium	44 mg
Fluor	26 µg

Walnusscreme mit Orangenfilets

Mitteleuropa
schnell, einfach

2 Orangen
100 g Magerquark
40 ml Magermilch
2 EL geriebene Walnüsse

☐ Die Orangen schälen und filetieren.
☐ Quark, Milch und Walnüsse cremig rühren. Die Orangenfilets auf einem Teller anrichten und die Quarkcreme in die Mitte geben.

Zubereitungszeit	ca. 20 Minuten
Nährwert pro Portion	ca. 142 kcal
Ballaststoffe	3 g

Zusammensetzung	
Eiweiß	10 g
Kohlenhydrate	12 g
Fett	5 g
Cholesterin	–

Präventionswert	
Ungesättigte Fettsäuren	4 g
Vitamin C	59 mg
Vitamine der B-Gruppe	0,6 mg
Folsäure	59 µg
Niacin	98 mg
Kalzium	2 mg
Magnesium	36 mg
Zink	0,6 mg
Fluor	32 µg
plus: Selen	

Marinierte Erdbeeren

international
einfach

250 g kleine, aromatische Erdbeeren (ideal sind Walderdbeeren)
1 EL Balsamicoessig
1 TL Vollrohrzucker

Zubereitungszeit	ca. 10 Minuten
	plus Zeit zum Marinieren
Nährwert pro Portion	ca. 60 kcal
Ballaststoffe	3 g
Zusammensetzung	
Eiweiß	1 g
Kohlenhydrate	12 g
Fett	-
Cholesterin	-

⊞ Erdbeeren kurz überbrausen, gut abtropfen lassen.
⊞ Die Stiele abzupfen, Früchte in eine Schüssel geben. Früchte mit Zucker bestreuen und den Balsamico darüber träufeln. Vorsichtig mischen, abgedeckt bei Zimmertemperatur mindestens eine Stunde durchziehen lassen.
⊞ Evtl. vor dem Servieren noch kurz in den Kühlschrank stellen.

Präventionswert	
Vitamin C	81 mg
Kalium	185 mg
Kalzium	35 mg
Magnesium	19 mg
Eisen	1 mg
Mangan	0,2 mg

Desserts / Backwaren

Meloneneis
international
einfach

¹/₂ Honigmelone (ca. 400 g)
¹/₂ Zitrone (ca. 2-3 EL Saft)
5 TL Honig

Zubereitungszeit   ca. 20 Minuten
                    plus Gefrierzeit
Nährwert pro Portion   ca. 141 kcal
Ballaststoffe   1 g
Zusammensetzung
    Eiweiß   1 g
    Kohlenhydrate   34 g
    Fett   -
    Cholesterin   -

tipp: Meloneneis kann auch mit dem Fruchtfleisch der Wassermelone zubereitet werden. Weitere Varianten sind die Verfeinerung mit Pinienkernen, Sultaninen, Zitronat und Zimt.

⊞ Honig mit 3 EL Wasser langsam unter Rühren erhitzen, bis er ganz flüssig geworden ist. Einige Minuten bei milder Hitze köcheln, dann abkühlen lassen.
⊞ Melone schälen und entkernen, das Fruchtfleisch zerkleinern und im Mixer pürieren, Zitronensaft unterrühren. Abgekühlten Honigsirup untermischen und das Püree in eine gefrierfeste Schale füllen.
⊞ Im Tiefkühlfach halb fest werden lassen (ca. 1 Stunde). Herausnehmen und kräftig durchrühren, danach wieder ins Gefrierfach stellen, erstarren lassen.
⊞ Etwa ¹/₂ Std. vor dem Servieren herausnehmen und etwas antauen lassen. Nochmals kräftig verrühren, in Portionsschälchen oder dekorative Gläser füllen.

Präventionswert
    Vitamin C   30 mg
    Kalium   339 mg
    Eisen   1 mg

Glasierter Pfirsich auf Himbeermark

Mitteleuropa
einfach

1 Pfirsich
2 EL Honig
250 g Himbeeren
Evtl. einige frische Minze- oder
Zitronenmelisseblättchen

⊞ Die Pfirsiche mit heißem Wasser überbrühen und die Haut abziehen. Halbieren, Steine entfernen.

⊞ In einer Pfanne vorsichtig bei geringer Hitze 1 EL Honig erwärmen, die Pfirsiche mit der Schnitthälfte nach unten hinein legen. Leicht erwärmen, mit dem restlichen Honig überziehen.

⊞ Die Himbeeren abbrausen, einige schöne Früchte für die Garnitur zurücklegen. Die restlichen Himbeeren mit dem Schneidstab des Handrührers oder im Mixer pürieren, dann das Püree durch ein feines Sieb streichen, um die Kerne zu entfernen.

⊞ Auf zwei große flache Teller einen Himbeermark-Spiegel gießen. Die Pfirsiche mit der Schnitthälfte nach unten in die Mitte setzen. Mit dem restlichen flüssigen Honig aus der Pfanne kleine Tropfen in das Himbeermark geben und diese mit einem Holzstäbchen (Zahnstocher, Schaschlikspieß) oder einer Gabel zu einem Muster »verziehen«. Mit Himbeeren und evtl. einem Zitronenmelisse- oder Minzeblättchen garnieren.

Zubereitungszeit	ca. 30 Minuten
Nährwert pro Portion	ca. 156 kcal
Ballaststoffe	10 g
Zusammensetzung	
Eiweiß	2 g
Kohlenhydrate	33 g
Fett	1 g
Cholesterin	–

Präventionswert	
Vitamin C	38 mg
Kalium	327 mg
Kalzium	55 mg
Phosphor	72 mg
Fluor	39 µg

Maronenkuchen
Mitteleuropa
aufwändig

60 g Sonnenblumenmargarine
120 g Vollrohrzucker
3 Eigelbe
50 g geriebene Haselnüsse
1 Zitrone mit unbehandelter Schale
1 Prise Jodsalz
1 Schuss Rum
200 ml fettarme Milch
150 g Maismehl
100 g Hirsemehl
200 g Kastanienmehl
150 g Rosinen
1 Pack Backpulver
3 Eiklar

Zubereitungszeit	20 Minuten
Nährwert pro Portion	159 kcal
Ballaststoffe	2 g
Zusammensetzung	
Eiweiß	3 g
Kohlenhydrate	25 g
Fett	5 g
Cholesterin	650 mg

⊞ Fett, Zucker und Eigelb schaumig rühren. Haselnüsse, Zitronenschale, Salz, Rum und Milch zugeben.

⊞ Eiweiß steif schlagen.

⊞ Mehl, Rosinen und Backpulver einrühren, dann das steifgeschlagene Eiweiß vorsichtig unterziehen.

⊞ Die Masse in eine gefettete Kasten- oder Springform geben und im vorgeheizten Backofen ca. 50 Minuten backen (E-Herd 200 Grad, nach 30 Minuten etwas zurückschalten, Gasherd Stufe 3).

tipp: Da Kastanienmehl schwierig zu bekommen ist (selbst in den Reformhäusern wird es üblicherweise nur zur glutenfreien Ernährung geführt), wird das Mehl gegen gegarte Maronen aus dem Vakuumpack (gleiche Menge) ausgetauscht, die mit der Küchenmaschine fein zerkleinert werden. Die Menge ist berechnet für eine Rodon-Kuchenform. Es lohnt sich, diesen Kuchen zu portionieren und stückweise einzufrieren.

Präventionswert	
Ungesättigte Fettsäuren	2 g
Vitamin C	3 mg
Vitamine der B-Gruppe	0,39 mg
Niacin	1 mg
Zink	0,3 mg
plus: Selen	

Rotwein-Gewürzkuchen
Mitteleuropa
aufwändig

- ☐ Rotwein und Orangensaft mischen.
- ☐ Feigen und Backpflaumen fein würfeln und für mindestens 6 Stunden in der Wein-Saft-Mischung ziehen lassen. Abtropfen lassen und mit den Mandeln in wenig Sonnenblumenöl anrösten.
- ☐ Restliches Öl, Butter, Honig und Zucker zu einer cremigen Masse verrühren. Eier einrühren. Gewürze, Mehl und Backpulver mischen. Evtl. Orangeat / Zitronat beigeben und nach und nach mit der Eimasse verrühren. Eingelegte Früchte und Nüsse zugeben.
- ☐ Geeignete flache Backpfanne mit Backpapier auslegen. Teigmasse verstreichen. Bei 190 Grad (Umluft 170 Grad) ca. 1/2 Stunde backen und anschließend auskühlen lassen. Über Nacht ziehen lassen.

tipp: Wer nicht verzichten möchte, kann 50 g geriebene Zartbitterschokolade zugeben. Orangeat und Zitronat können einander ersetzen oder auch ganz fortgelassen werden. Auch bei den Gewürzen kann nach Geschmack variiert werden.

Zutaten für 10 Stücke
100 g getrocknete Feigen
50 g Backpflaumen
Je 1/8 l Rotwein und Orangensaft
50 g gehackte Mandeln
50 g Butter
50 ml Sonnenblumenöl
50 g Zucker
75 g Honig
2 Eier
Je 1/2 TL gemahlener Anis,
Muskat, Nelken, Zimt
150 g Weizenmehl (Type 405)
1/2 Päckchen Backpulver
Evtl. etwas Orangeat und Zitronat

Zubereitungszeit	ca. 1 Stunde
	plus Marinier- und Ruhezeit
Nährwert je Stück	273 kcal
Ballaststoffe	3 g
Zusammensetzung	
Eiweiß	5 g
Kohlenhydrate	31 g
Fett	13 g
Cholesterin	264 mg

Präventionswert	
Vitamin C	7 mg
Vitamin A	0,06 mg
Vitamin E	5 mg
Vitamin D	0,4 µg
Kalium	258 mg
plus: Polyphenole	

Lexikon der Prävention

Äthanol – Heilmittel oder Suchtmittel

Für Äthanol bzw. Äthylalkohol, das Jahrtausende alte Heil- und Rauschmittel, gilt dasselbe wie für die meisten anderen Nahrungsmittel: Zuviel davon ist schädlich! In geringen Mengen hat Äthanol durchaus gesundheitsfördernde Eigenschaften: Nachgewiesen sind die harntreibende Wirkung von Bier oder die infarktvorbeugende Wirkung von Wein. Mehr als 40 g Äthanol / Tag sollten aber nicht konsumiert werden.

Ätherische Öle – himmlisch duftend und ziemlich flüchtig

Ätherische Öle sind leicht flüchtige pflanzliche Öle mit zahlreichen Inhaltsstoffen. Beispielsweise ist das, was Duft und Wirkung der Pfefferminze ausmacht, ihr Gehalt an ätherischen Ölen. Die Substanzen lassen sich durch Destillation von Pflanzenextrakten isolieren. Unter den Oberbegriff ätherische Öle fallen z. B. Coriandrol, Daucol, Gingerol, Kämpferol, Thymol ...

Alkaloide – Nikotin, Koffein & Co.

Alkaloide sind in Pflanzen vorkommende, meist kompliziert gebaute Stickstoffverbindungen mit einer phenolischen Ringstruktur. Sie werden teilweise zu medizinischen Zwecken eingesetzt, einige sind Verbindungen, die zu den Suchtmitteln zählen. Zu den Alkaloiden zählen das Atropin der Tollkirsche, aber auch Chinin, Kokain, Kodein, → Koffein, Morphin, → Nikotin, → Purin, u.a.

Alkohole

Alkohole sind eine Gruppe von ganz unterschiedlichen Substanzen, denen mindestens eine so genannte Hydroxylgruppe gemein ist. Dazu zählen der giftige Methylalkohol ebenso wie der als Genuss- und Suchtmittel bekannte Äthylalkohol (→ Äthanol) oder der dreiwertige Alkohol → Glyzerin, der Bestandteil der → Neutralfette ist. Streng genommen ist auch Zucker ein (Poly-) Alkohol.

Allantoin

ist das Endprodukt des → Purin-Stoffwechsels bei verschiedenen Säugetieren und Fischen. Bei Menschen ist dies die Harnsäure. Allantoin wird in der Kosmetik bei empfindlicher, trockener und gereizter Haut eingesetzt.

Allicin – der »Duft« des Knoblauchs

Allicin ist eine Schwefelverbindung, die unter anderem in Knoblauch enthalten ist. Grundsubstanz ist das geruchlose Alliin, welches durch das Enzym Alliinase in das stark riechende Allicin umgewandelt wird.

Aminosäuren – Baustein der Eiweiße

→ Eiweiße oder Proteine bestehen aus unterschiedlich langen und verschieden komponierten Aminosäureketten. Es gibt 20 verschiedene Aminosäuren, von denen neun vom menschlichen Organismus nicht selbst synthetisiert werden können. Sie werden als essenziell bezeichnet. Essenzielle Aminosäuren müssen mit der Nahrung aufgenommen werden. Fleisch ist der wichtigste Aminosäure-Lieferant, aber auch Eier und Pflanzen enthalten Aminosäuren.

Antioxidantien – Balsam für den Körper

Stress, Rauchen, falsche Ernährung (beispielsweise durch langfristig zu hohe Anteile an gesättigten Fetten in der Nahrung), aber auch zu viel Sonne regen oxidative Vorgänge im Körper an. Dabei entstehen die gefürchteten → freien Radikale. Sie begünstigen Alterung, Verschleiß und Veränderungen an der Erbsubstanz, die schließlich zu Krebs führen können. Antioxidantien sind die Gegenspieler der freien Radikale. Sie bilden damit einen besonders wichtigen Anteil unserer Ernährung. Potente Antioxidantien sind → Karotinoide, → Selen und die → Vitamine A, C, D und E.

Ballaststoffe – Schutz für den Darm

Pflanzen enthalten neben den Stoffen, die der

Körper aufnimmt auch Substanzen, die der Körper nicht verwerten kann und die so gut wie unverändert wieder ausgeschieden werden. Diese Ballaststoffe sind für die Darmflora und die Darmfunktion überaus wichtig. Die regelmäßige Aufnahme von Ballaststoffen sorgt nicht nur für eine geregelte Verdauung, sondern schützt auch vor Tumoren des Dickdarms.

Betakarotin → Karotin

Beta-Sitosterin → Sitosterin

Biotin - das Hautvitamin
Biotin zählt zu den B-Vitaminen, der Körper kann die Substanz nicht selbst synthetisieren. Sie wird von der Darmflora aus Vorstufen gebildet. Die Substanz verhindert Haarausfall, senkt den → Cholesterin-Spiegel und schützt die Haut vor Entzündungen (veraltete Bezeichnung: Vitamin H).

Chlorophyll - Farbstoff der Welt
Chlorophyll ist der grüne Pflanzenfarbstoff. Chemisch ist er unserem roten Blutfarbstoff Hämin verwandt. Chlorophyll nimmt die Energie des Sonnenlichts auf und schafft damit die Voraussetzung für die Fixierung des in der Luft enthaltenen Kohlendioxids sowie seine »Umwandlung« zu Sauerstoff. Dieser Vorgang wird Photosynthese genannt. Chlorophyll wird auch gegen üble Gerüche eingesetzt (z. B. in Dragéeform gegen Knoblauchduft).

Cholesterin - Gift für den Mann
Cholesterin ist die Grundsubstanz aller Steroide (zur Verdauung nötige Gallensäure aber auch eine Vielzahl wichtiger → Hormone). Die Substanz wird in Leber und Darm erzeugt. Eine Überproduktion, speziell der so genannten low-density-lipoprotein (LDL) Cholesterinfraktion durch erhöhtes Angebot der Grundsubstanzen aus der Nahrung (→ Fette, Fettsäuren), führt zu Arterienverkalkung und schließlich zum Herzinfarkt – und der ist, neben Krebserkrankungen, *der* Killer des Mannes. Cholesterin kommt in allen tierischen Produkten vor, in Pflanzen ist die Substanz nicht enthalten. Daher: Cholesterinwerte regelmäßig kontrollieren lassen und Obst, Gemüse und pflanzliche Fette bevorzugen!

Chrom
Ist ein Spurenelement, dessen vielfältige Wirkungen noch nicht abschließend erforscht sind. Sicher ist, dass es im menschlichen Organismus an der Regulierung des Blutzuckerspiegels beteiligt ist. Es wird in kleinen Mengen mit der Nahrung aufgenommen. Diabetiker haben einen erhöhten Chrombedarf.

Daidzein / Daidzin
Mit Genistin / Genistein wichtigster Vertreter aus der Stoffklasse der → Isoflavone. Ein pflanzliches Östrogen, insbesondere in Sojaprodukten enthalten (s. Tabelle S. 140). Die Substanzen sind der Gesundheit der Prostata sehr förderlich.

Eisen - Stoff zum Atmen
Eisen ist das Zentralatom im Hämoglobin, das Mineral bindet den eingeatmeten Sauerstoff in der Lunge. Es ist damit wesentlicher Bestandteil der roten Blutkörperchen, die für die Speicherung und den Transport von Sauerstoff zu den einzelnen Körperzellen sorgen. Eisenmangel führt zu einer Unterversorgung der Zellen mit Sauerstoff (Blutarmut bzw. Anämie) und damit zu Müdigkeit, Abgeschlagenheit, Kopfschmerzen, Schwäche und Leistungsabfall. Will man den wichtigsten Eisenlieferanten, das rote Fleisch, etwas meiden, so sollten pflanzliche Nahrungsmittel wie Vollkorngetreide, Hülsenfrüchte, Nüsse, frisches Gemüse (Fenchel, Rosenkohl, Avocados, Spinat, Salat), Wildkräuter, Obst (Erdbeeren, Weintrauben) und Wein auf der Speise- und Getränkekarte stehen.

Eiweiß - Bausteine der Zellen
Eiweiße sind echte Alleskönner unter den Substanzen einer Zelle. Sie regulieren u.a. als → Enzyme alle Stoffwechselprozesse der Zelle, sind als Strukturproteine für die Form der Zelle und ihrer Organellen verantwortlich, regulieren als Membranproteine die Aufnahme oder Abgabe von Substanzen in und aus der Zelle, sind als → Hormone Überbringer wichtiger Nachrichten im Körper und als Antikörper Bestandteil des Immunsystems. Eiweiße werden nicht komplett aus der Nahrung aufgenommen, sondern im Körper aus → Aminosäuren synthetisiert.

Enzyme - die Arbeitstiere der Zelle

sind eine wichtige Stoffklasse der → Eiweiße. Ohne Enzyme läuft im Organismus nichts, sie katalysieren alle biochemischen Reaktionen. Aufbau, Abbau, Umbau: Alles wird jeweils durch spezielle Enzyme vermittelt. Angeborene Enzymdefekte können zu bestimmten Stoffwechselerkrankungen führen.

Epigallocatechin-3-Gallat (EGCG)

ist ein sekundärer → Pflanzenstoff, gehört chemisch in die Gruppe der → Polyphenole. Es ist ein extrem potentes → Antioxidans. EGCG schützt bis zu 100 mal stärker vor freien Radikalen als Vitamin C, 25 mal stärker als Vitamin E und ist noch doppelt so wirksam wie die Schutzstoffe in Rotwein. Reichlich enthalten z. B. in grünem Tee.

Fette - wenn schon, dann richtig

Energieträger und Geschmackträger, ein Teufelskreis! Kein Nahrungsinhaltsstoff enthält mehr Kalorien, aber nichts transportiert ein Aroma oder eine Geschmacksnote besser als Fett. Ob Fettstoffwechselstörung oder falsche Ernährung: Erhöhte Blutfettwerte führen über eine Erhöhung des → Cholesterin-Spiegels zu einer Verengung der Herzkranzgefäße und schließlich zum Herzinfarkt. Der ist nach wie vor eine typische Männerkrankheit! Auch der Zusammenhang zwischen dem Verzehr tierischer Fette und Prostataleiden ist seit langem bekannt. Eine kürzlich veröffentlichte kanadische Studie zeigte, dass insbesondere → gesättigte Fette den Krankheitsverlauf bei gutartiger Prostatavergrößerung und bei Prostatakrebs ungünstig beeinflussen. Betroffene können den Verlauf der Erkrankung bzw. Genesung aktiv beeinflussen. Daher insbesondere → gesättigte Fette reduzieren, → ungesättigte Fette bevorzugen!

Flavone - Farbstoff der Pflanzen

Eine Gruppe von Substanzen, die für die gelbe Farbe vieler Pflanzen verantwortlich ist. Flavone zählen zu den → sekundären Pflanzenstoffen. Als gute → Antioxidantien haben sie einen ausgezeichneten präventiven Wert. Zu den Flavonen werden z. B. → Lutein und → Quercetin gerechnet. Flavone sind so genannte Stellungsisomere der → Isoflavone.

Flavonoide

sind eine Gruppe chemisch verwandter sekundärer Pflanzenstoffe, zu denen überwiegend Farbpigmente zählen. Zu den Flavonoiden werden die → Flavone, → Isoflavone und Anthocyanidine gerechnet. Es gehören z. B. dazu: Asparaginsäure, Kämpferol, Orotsäure, Scolymosid... Flavonoide sind reichlich enthalten z. B. in Brokkoli, Tomaten, Kirschen, Rotwein. Frühere Bezeichnung »Vitamin P«.

Fluor - fürs strahlende Lächeln

Das Spurenelement ist im Allgemeinen in der Nahrung in ausreichender Menge vorhanden. In einigen Ländern wird es zur Vorbeugung von Karies dem Trinkwasser zugesetzt. Hauptlieferanten für Fluor sind Milch, Buttermilch, Hühnerbrust, Kabeljau, Goldbarsch, Sojabohnen, Spinat und Walnüsse.

Folsäure - Helfer der Blutbildung

Folsäure wird zu den Vitaminen (ehemals zum → Vitamin B-Komplex) gerechnet, da es von außen zugeführt werden muss. Die Substanz wirkt als → Koenzym entscheidend bei der Proteinsynthese und an der Blutbildung mit. Folsäure findet sich in Vollkorngetreide, Hefe, Blattpetersilie und grünen Salaten. Da das Vitamin hitzeempfindlich ist und als wasserlösliche Substanz leicht ausgewaschen wird, sollte Gemüse nur kurz erhitzt und nicht in großer Wassermenge gekocht bzw. gedünstet werden. Folsäuremangel ist die häufigste Vitaminmangelkrankheit in Europa und führt zu Müdigkeit und Abgeschlagenheit.

Freie Radikale - die »Autonomen« in uns

Freie Radikale sind die Unruhestifter im Körper, es sind außerordentlich aggressive und reaktive Substanzen. Sie beschleunigen Alterungsprozesse und führen über eine Veränderung der Erbsubstanz zum Auftreten von Krebs. Auch das Fortschreiten bösartiger Krankheiten wird durch freie Radikale begünstigt. Freie Radikale entstehen z. B. unter dem Einfluss von UV- oder Röntgenstrahlung. Wichtiges Ziel einer Prävention ist es daher, freie Radikale abzufangen und damit unschädlich zu machen - das besorgen → Antioxidantien.

Genistein / Genistin

Genistein ist ein wichtiger Vertreter aus der Stoffklasse der → Isoflavone. Es wird im Darm aus seiner Vorstufe, dem Genistin, gebildet.
S. a. → Daidzein.

Gerbstoffe

sind eine Gruppe sekundärer Pflanzenstoffe mit zum Teil noch unbekannter Funktion. Hauptvertreter sind die insbesondere im Rotwein vorkommenden Tannine.

Gesättigte Fette - die fast Entbehrlichen

Gesättigte Fettsäuren fördern Oxidationsprozesse im Körper, das kann zu Krebsentstehung und vorzeitigem Altern führen. Daher sollte man den Verzehr auf ein Minimum beschränken. Allgemein besteht heute die Lehrmeinung, dass der Anteil von Fett an der täglichen Gesamtenergiezufuhr nicht mehr als 30 Prozent betragen sollte. Und je höher der Anteil an ungesättigten Fettsäuren daran ist, desto besser. Das verhindert nicht nur verschiedene Krebsarten, sondern auch Bluthochdruck und Herzinfarkt.

Glyzerin

ist ein dreiwertiger Alkohol, der im Organismus dazu dient, Fettsäuren zu binden. Der Komplex aus Glyzerin und drei gebundenen Fettsäuren wird als Neutralfett (oder → Triglyzerid) bezeichnet, da hier die Säuregruppen gebunden, also neutral, vorliegen.

Glykoside

sind eine Gruppe von Pflanzeninhaltsstoffen, bei denen Zuckermoleküle in sich oder mit anderen Molekülen verknüpft sind. Zu den Glykosiden gehören z. B. Apigenin, Diosmin, Luteolin, aber auch das medizinisch wichtige Digitalisgift des Fingerhuts.

Immunsystem - Gesundheitspolizei des Körpers

Das Immunsystem ist die Gesundheitspolizei unseres Körpers. Es besteht aus dem zellulären Immunsystem mit Lymphozyten, Makrophagen, Granulozyten und natürlichen Killerzellen. Diese sind im übertragenen Sinne die Polizisten, überwältigen »Eindringlinge« und machen sie unschädlich. Eine ihrer »Waffen« sind die Antikörper. Das Immunsystem unterliegt vielfältigen Einflüssen. Es wird durch eine geeignete Ernährung stimuliert, oder aber durch falsche Ernährung und Stress geschwächt. Bioaktive Substanzen, die das Immunsystem beeinflussen, sind die → Vitamine A, B6, C, E, → Zink, → Selen, → Kupfer, → Eisen, → Beta-Karotin und → Lykopen.

Indol (-alkylamin)

Indol entsteht bei der Zersetzung von Eiweißkörpern aus der Aminosäure → Tryptophan. Es besteht aus einer Verbindung von Benzol und Pyrrol. Vorkommen z. B. in Orangenblütenöl und Getreide.

Insulin - das Zuckerhormon

besteht aus einer kurzen Kette von → Aminosäuren. Es wird in der Bauchspeicheldrüse produziert. Unter Insulineinfluss werden die im Blut kreisenden Glukosemoleküle zur weiteren Nutzung in die Zelle hinein transportiert, Insulin wirkt also Blutzucker senkend. Sein Gegenspieler ist das Hormon Glukagon. Ein Fehlen von Insulin führt zur gefürchteten Zuckerkrankheit, dem Diabetes. Patienten mit Diabetes sind auf eine spezielle zuckerarme Kost angewiesen.

Isoflavone - Ein wenig Chemie muss sein

Isoflavone sind sekundäre Pflanzenstoffe und werden, wegen ihrer chemischen Verwandtschaft mit Östrogen, den → Phytoöstrogenen zugeordnet. Obst und Gemüse enthalten teilweise erhebliche Mengen dieser Substanzen (s. Tabelle S. 140). Vorstufen von Isoflavonen werden im Darm, unter dem Einfluss von Darmbakterien, in ihre eigentlich aktive Form umgewandelt. → Genistein und → Daidzein sind die derzeit wichtigsten bekannten Phytoöstrogene aus Isoflavonoiden. Isoflavone sind in hoher Konzentration in Sojabohnenkeimen und grünem Tee vorhanden. Da diese Nahrungsmittel eine zentrale Rolle in der japanischen Ernährung spielen, konsumiert der japanische Mann etwa 20 Mal soviel davon wie sein westlicher Geschlechtsgenosse.

Jod - Futter für die Schilddrüse

Das Spurenelement Jod steht im Periodensystem der Elemente bei den Halogenen. Jod wird in der

Schilddrüse gespeichert und zum Aufbau des wichtigen Schilddrüsenhormons Thyroxin benötigt. Jodmangel (aber auch Jodüberversorgung) löst Schilddrüsenfehlfunktionen aus. Deutschland zählt, insbesondere der Süden, zu den Jodmangelgebieten; dort ist die vergrößerte Schilddrüse (Kropf) eine häufige Diagnose. Hauptlieferanten für Jod sind Fisch, Radieschen, Brunnenkresse, Meersalz und Milch. Mindestens eine Fischmahlzeit pro Woche kann den Jodbedarf decken. Eine bessere Versorgung in Jodmangelgebieten ist auch mit Jodsalz möglich.

Joule – so kann man es auch sagen

Joule (J) oder Kilojoule (kJ) sind nach dem SI-System die offiziellen Einheiten der Energie. Die ältere Einheit war bzw. ist die → Kalorie bzw. Kilokalorie, denn Joule hat sich in der Bevölkerung nie richtig durchsetzen können. 1 kJ entspricht 0,239 kcal.

Kalium – Batterie der Zelle

Kalium gehört zu den Alkalimetallen und ist in fast jedem Mineral enthalten. Als unentbehrlicher Bestandteil jeder Zelle ist es u.a. verantwortlich für die Steuerung aller elektrischen Vorgänge in Nerven und Muskelzellen. Ohne Kalium kein Herzschlag! Auch beim Eiweißaufbau und der Kohlenhydratverwertung spielt Kalium eine Rolle. Kalium und → Natrium beeinflussen sich gegenseitig. Das Mengenverhältnis zwischen Kalium und Natrium im menschlichen Organismus muss sich im Gleichgewicht befinden (fünf Teile Kalium auf einen Teil Natrium).

Kalorien – weniger ist manchmal mehr

Obwohl der genaue Zusammenhang zwischen Gesamtkalorienaufnahme und verschiedenen Zivilisationserkrankungen nicht klar ist, leiden doch übergewichtige Menschen vermehrt darunter. Also: Insbesondere die Fettzufuhr reduzieren und damit Kalorien sparen! Damit die Zahlen nicht unübersichtlich werden, wird in Kilokalorien (kcal) gerechnet. 1 kcal entspricht 4,187 kJ.

Kalzium – wichtig für Muskeln, Knochen und Zähne

Dieses silberweiße Leichtmetall gehört zu den Erdalkalien. Im Körper wirkt es multifunktionell: Kalzium hat eine abdichtende Wirkung auf die Gefäße, wirkt deshalb abschwellend und antiallergisch. Es ist Bestandteil eines Puffersystems, wichtig für die Blutgerinnung und die normale Muskel-, Herzmuskel- und Nervenerregung. Eine plötzliche Kalziumfreisetzung bewirkt Übererregbarkeit und Muskelkrämpfe. Deponiert wird das Mineral vor allem in den Knochen. Findet eine übermäßige Mobilisierung statt, droht → Osteoporose. Gute Kalziumquellen sind Milchprodukte und grüne Gemüse.

Karotinoide – was die Möhre gelb macht

Karotinoide zählen zu den sekundären Pflanzenstoffen. Sie haben eine gelbe Farbe, bekannt als Pigment in Karotten und Paprikafrüchten. Sie kommen aber auch in vielen anderen Pflanzen vor und schützen sie (und den Menschen) als potente → Antioxidanzien vor → freien Radikalen, z. B. durch schädliche UV-Strahlung. Sie sind wichtige Stimulatoren unseres Immunsystems.

Karotin – die Sehhilfe

Karotine sind eine Untergruppe der Karotinoide. Betakarotin, bzw. Provitamin A, ist die bekannte Vorstufe von Vitamin A, dem »Sehvitamin«.

Kobalamin → Vitamin B12

Kobalt

ist ein wichtiges Spurenelement und Bestandteil von → Vitamin B12.

Koenzyme

sind Substanzen, die an vielen → Enzym-Reaktionen beteiligt sind. Wann immer im Stoffwechsel Elektronen, Ionen oder Molekülgruppen übertragen werden sollen, werden sie benötigt. Viele Koenzyme enthalten → Vitamine.

Koenzym Q10 – Hilfe zum Atmen

Das Koenzym Q10 hat in den letzten Jahren enorm an Popularität gewonnen. Es wird zu den → Vitaminen gerechnet, da es im Körper nicht synthetisiert werden kann, sondern mit der Nahrung oder in Tablettenform (→ Nahrungsergänzung) zugeführt wird. Es hat eine zentrale

kalorien

Funktion bei der sauerstoffabhängigen Energieproduktion in den Mitochondrien und wirkt als → Antioxidans.

Koffein – der Kick am Morgen

Koffein ist ein pflanzliches → Alkaloid mit anregender Wirkung und liebstes Kind aller Hypotoniker, insbesondere am Morgen. Vom Standpunkt der Prävention ist Koffein allerdings mit Vorsicht zu genießen, denn das Alkaloid entzieht dem Körper Flüssigkeit. Die Tasse Kaffee (oder andere koffeinhaltige Getränke) darf daher bei der Berechnung der täglichen Trinkmenge nicht berücksichtigt werden.

Kohlenhydrate – Zucker und Pasta

Kohlenhydrate, vor Eiweiß und Fett wichtigster Hauptnährstoff, ist der Oberbegriff für eine Gruppe von Einfach- und Mehrfachzuckerverbindungen (→ Polysaccharide). Die Zusammensetzung der Kohlenhydrate in der Kost ist maßgeblich für die Aufspaltung und Verarbeitung im Stoffwechsel. In der Pflanzenwelt werden Kohlenhydrate als → Stärke, im tierischen Organismus als Glykogen gespeichert. Sie werden im Dünndarm erst in Einfachzucker aufgespalten, um aufgenommen werden zu können. Kohlenhydrate bilden einen wichtigen Bestandteil von Gerüstsubstanzen und sind Bestandteil von bestimmten Eiweißverbindungen.

Kupfer

ist ein Schwermetall, das in unserem Körper bei der Blutbildung und Synthese des Farbpigmentes Melanin eine Rolle spielt.

Lignane – Stoffe aus Körnern und Obst

Lignane sind in Obst, Gemüse und Getreide enthalten. Auch diese sekundären Pflanzenstoffe haben positive hormonähnliche Eigenschaften und zählen zu den → Phytoöstrogenen. Ähnlich wie Isoflavonoide werden Lignane im Darm mit Hilfe von Darmbakterien in ihre aktive Form überführt und anschließend in das Blut aufgenommen. Die wichtigsten Substanzen sind Enterolacton und Enterodiol, aber auch die Resinole gehören dazu. Untersuchungen aus England konnten zeigen, dass sich durch eine Nahrungsumstellung die Serumspiegel von Lignanen deutlich erhöhen lassen.

Linolsäure

ist ein eine wichtige, zweifach ungesättigte Fettsäure und essenzieller Nahrungsbestandteil, da sie vom Körper nicht selbst hergestellt werden kann. Linolsäure kommt in pflanzlichen Ölen vor, in hoher Konzentration ist sie in Sonnenblumen- und Sojaöl enthalten.

Linolensäure

→ Linolsäure, Linolensäure ist jedoch dreifach ungesättigt.

Lutein

gehört zur Gruppe der → Karotinoide. Wir finden es als Hauptbestandteil der Xanthophylle z. B. in grünen Blättern, Eidotter und Getreidekörnern.

Lykopen / Lycopin – Zauberstoff aus der Tomate

Lycopin, ein besonders wirksamer Radikalenfänger, gehört zur Gruppe der → Karotinoide. In großen Mengen kommt die Substanz in Tomaten vor, aber auch Obstarten (Pampelmusen, Aprikosen, Melonen und Guaven) sind gute Lieferanten. Lycopin wird erst durch ausreichendes Erhitzen unter Fettzugabe für den Organismus verfügbar. Wie viele bioaktive Pflanzenstoffe, wird Lycopin inzwischen auch als Pulver oder Pille aufbereitet (→ Nahrungsergänzungsmittel).

Magnesium – ein starker Typ für Nerven und Muskeln

Magnesium, ein Erdalkalimetall, ist im menschlichen Organismus reichlich vorhanden. Es hat viele Aufgaben zu erfüllen, u. a. beeinflusst es die nervöse Erregbarkeit und die muskuläre Dynamik. So wird bei Wadenkrämpfen die Aufnahme von hochdosiertem Magnesium empfohlen. Das Mineral wirkt aktivierend auf eine große Zahl von → Enzymen. So wird der Energiestoffwechsel entscheidend gesteuert. Im Zusammenhang mit → Kalzium sorgt Magnesium für eine verbesserte Sauerstoffbilanz und trägt somit zur Entlastung von Herz und Hirn bei. Das Infarktrisiko wird dadurch vermindert. Magnesiummangel erhöht die Stressbereitschaft.

koffein

Mangan – Multitalent unter den Spurenelementen

In der Natur findet man Mangan als hartes und sprödes Schwermetall. In unserem Körper ist das Mineral ein wertvoller Helfer und steigert die Verwertbarkeit von Vitamin B1. Es spielt eine Rolle bei fast allen Stoffwechselreaktionen und ist besonders wichtig zur Förderung der körpereigenen Abwehrkräfte. Zusammen mit Vitamin K steuert Mangan die Blutgerinnung.

Mineralstoffe → Spurenelemente

Nahrungsergänzungsmittel

sind künstlich erzeugte Produkte, die für die menschliche Ernährung notwendige Nährstoffe enthalten. Sie können bei bestehenden Mangelerscheinungen oder bereits zur Vorbeugung von Erkrankungen eingesetzt werden. Als Supplemente sind sie heute weit verbreitet, um den Körper in der jeweils erforderlichen Menge und Zusammensetzung mit dem Notwendigen zu versorgen.

Natrium – unser »Wassersportler«

Was das → Kalium für das Zellinnere ist, ist Natrium für den so genannten Extrazellulärraum. Natrium reguliert den Wasserhaushalt im Körper, indem es Flüssigkeit bindet. Störungen im Natriumhaushalt äußern sich in »Überwässern« oder »Austrocknen« des Körpers. Darüber hinaus ist das Mineral für die Funktionsfähigkeit und Erregbarkeit der Zellen wichtig. Als Natriumchlorid (Kochsalz) wird Natrium in den Körper aufgenommen.

Niacin – kein Vitamin, aber lebenswichtig

Niacin, auch Nikotinsäureamid, wird zu den Vitaminen gerechnet, obwohl es eigentlich keines ist, denn der Organismus kann die Substanz aus der essenziellen Aminosäure → Tryptophan selbst herstellen. Niacin, früher »Vitamin PP«, ist ein → Koenzym im Stoffwechsel von Kohlenhydraten, Eiweiß und Fett und reguliert dabei die Funktion von über 200 Enzymen. Niacin findet man in Vollkorngetreide, Weizenkleie, Hefe, Geflügel und fettem Seefisch. Exzessiver Alkoholkonsum senkt die Niacin-Konzentration und führt zu zentralnervösen Störungen.

Nitrat / Nitrit

Nitrat ist das Salz der Salpetersäure. Es kann von Darmbakterien in schädliches Nitrit umgewandelt werden. Nitrit oxidiert den Sauerstoff bindenden roten Blutfarbstoff, das Hämoglobin, welches dadurch die Fähigkeit zum Sauerstofftransport verliert. Wird von Pflanzen aus Grundwasser aufgenommen (Vorsicht bei Überdüngung!). Insbesondere in den Wintermonaten in hoher Konzentration in den Blattrippen von Salaten enthalten. Nitrate, Nitrite und Nitrosamine werden mit einer Reihe von Tumoren in Verbindung gebracht.

Östrogen – Schutzschild gegen Herzinfarkt

Östrogen wird primär in den Eierstöcken und der Gebärmutter gebildet, in geringeren Mengen aber auch in den Nebennieren und den Hoden. Alle Vorgänge der weiblichen Reproduktion werden durch Östrogen gesteuert. Beim Mann wird dieses Hormon aus Testosteron gebildet und nimmt mit dem Absinken des Testosteronspiegels (ab ca. dem 40. Lebensjahr) ebenfalls ab. Östrogen stimuliert die Knochenreifung und beeinflusst auch die Fettablagerung im Körper.

Omega-3-Fettsäure – Schmiermittel für Gefäße

Die wertvollsten unter den Fettsäuren. Hoch ungesättigt und daher potente → Antioxidanzien, schützen Omega-3-Fettsäuren unsere Gefäße. Sie werden aus Plankton synthetisiert und können somit nur über den Verzehr von Seefisch aufgenommen werden, s. a. → ungesättigte Fette.

Osteoporose – »Luft« in den Knochen

Jeder Mensch verliert mit steigendem Alter an Knochenmineraldichte. Erst wenn der Zustand krankhaft wird, spricht man von Osteoporose. Noch vor wenigen Jahren als reines Frauenleiden angesehen ist heute klar, dass die Krankheit auch Männer treffen kann. Mögliche Ursachen sind Hormondefizite (Testosteronmangel) oder diverse andere Erkrankungen, in deren Folge sich Osteoporose entwickeln kann. Hierzu zählen Stoffwechsel- oder Erbkrankheiten und auch Krebs. Dem Knochenschwund kann durch geeignete Ernährung wirksam vorgebeugt werden, besonders wichtig sind → Kalzium, → Vitamin D und → Phytoöstrogene.

Oxidation - Grundlage des Lebens .... und des Alterns

Unter Oxidation versteht man die Vereinigung einer Verbindung mit Sauerstoff (bzw. den Entzug von Wasserstoff). Dieser Vorgang wird auch Verbrennung genannt. Die dabei freigesetzte Energie ist lebensnotwendig, sie ermöglicht erst die Stoffwechselvorgänge im Körper. Auch das Rosten ist eine Form der Oxidation. → Freie Radikale greifen eine organische Substanz an der falschen Stelle an, → Antioxidantien können hier vorbeugen.

Pantothensäure - Schutz für Haut und Haare

Pantothensäure ist an vielen Stoffwechselvorgängen beteiligt. Sie ist wichtig bei der Energiegewinnung, also im → Kohlenhydrat- und Eiweißstoffwechsel, aber auch für die Synthese von Cholesterin. Pantothensäure wirkt positiv auf Haut, Schleimhäute und Haare. Hauptlieferanten sind Naturreis, grüner Salat, Sojabohnen, Hefe, Milch und Eier. In den Industrieländern sind keine Mangelerscheinungen bekannt. Das Vitamin wurde früher dem B-Komplex zugeordnet.

Pektin

Pektine sind ein Gemisch aus → Polysacchariden, die in den Wurzeln, Stämmen und Früchten von Pflanzen (insbes. Äpfel, Zuckerrüben) vorkommen. Pektine dienen als Gelierungsmittel und Emulgatoren.

Pflanzenstoffe - Vitalstoffe der Pflanze

Pflanzenstoffe oder sekundäre Pflanzenstoffe (SPS) sind von der Pflanze gebildete bioaktive Substanzen. Farb-, Duft-, Schutz- oder Geschmacksstoffe, die in unserem Körper pharmakologische Wirkung entfalten, aber keinen »Nährwert« (wie Eiweiß, Fett oder Kohlenhydrate) haben. Von vielen SPS sind die Bedeutungen für die Pflanze und erst recht für den menschlichen Organismus noch unbekannt. SPS werden nur in bestimmten Teilen / Organen einer Pflanze und mitunter auch nur zu bestimmten Zeiten gebildet und gespeichert. Blatt-

oder Fruchtpigmente wie → Flavonoide oder Cumarine sind Beispiele sekundärer Pflanzenstoffe, auch → Phenolsäuren, → Polyphenole, → Phytosterine, → Saponine, Bitterstoffe, Gerbstoffe u. v. m. fallen unter den Oberbegriff. (Siehe Übersichtstabelle S. 140).

Phenolsäuren

Fast alle Pflanzen enthalten Phenolsäuren, besonders reichlich sind sie in Weißkohl, Weizen und Radieschen enthalten. Die Substanzen wirken krebsprotektiv und schützen vor Bakterien.

Phosphor - der »Lichtträger«

In der Natur kommt Phosphor als nichtmetallisches, wachsartiges Material vor. Der Name kommt aus dem Griechischen. Phosphor ist ein wesentlicher Bestandteil des pflanzlichen und tierischen Organismus, obwohl die reine Substanz eigentlich giftig ist. Phosphor wird mit Eiweiß aufgenommen, für den Energiestoffwechsel benötigt und hauptsächlich in den Knochen gespeichert. Phosphor reagiert in direkter Verbindung mit → Kalzium. Eine zu hohe Aufnahme stört das Phosphor-Kalzium-Gleichgewicht, was u. a. zu einem Abbau von Kalzium aus dem Skelett führen kann (→ Osteoporose). Das Gleichgewicht kann leicht kippen, da vielen Lebensmitteln (Wurst, Schmelzkäse, Colagetränke etc.) Phosphate (phosphorhaltige Salze) zugesetzt werden.

Phytoöstrogene - was ist das?

Phytoöstrogene sind eine Sorte von Phytohormonen. Diese sekundären Pflanzenstoffe haben in der Pflanze selbst keine Hormonwirkung, modulieren im menschlichen Organismus aber mild östrogenartige Effekte - sie können aber auch als Antiöstrogen wirken. Die wichtigsten Phytoöstrogene sind Isoflavonoide und Lignane. Als Gegenspieler des Testosterons können die dem weiblichen Hormon ähnlichen Substanzen das überschießende Wachstum der Prostata effektiv verhindern, und das ohne Nebenwirkungen. Der gleiche Effekt durch die Einnahme von »echten« Östrogenen wäre mit einigen Nachteilen verbunden: Libido und Potenz schwinden ebenso wie Energie und Muskeln. Die Wirkung gegen Krebs ist im Tiermodell bewiesen. Phytoöstrogene können aber noch mehr. Sie helfen den Cholesterinspiegel zu senken, beugen Arteriosklerose vor und wirken positiv auf Haut und Haare. Vorkommen u. a. in Brokkoli, Hopfen, Soja, Leinsamen in größeren Mengen. (Siehe Übersichtstabelle S. 140).

Polyphenole – Shooting stars unter den Pflanzenstoffen

sind eine große Gruppe von Verbindungen, die auf der Struktur des Phenolrings aufbauen. Sie befinden sich in den Randschichten von Gemüse, Obst und Vollkorngetreide (sekundäre → Pflanzenstoffe), meist jedoch nur in geringer Menge. Bis vor zehn Jahren nahezu unbekannt, interessieren sich Ernährungswissenschaftler heute sehr für sie, denn Polyphenole haben ein besonders breites Spektrum gesundheitsfördernder Wirkungen. Fast 5.000 verschiedene Substanzen sind bis heute bekannt. Vertreter sind Capsaicin im Pfeffer oder Epigallocatechin im grünen Tee. Polyphenole sind natürliche → Antioxidanzien, die vor vorzeitiger Alterung schützen. Hierzu gehören auch Phenolsäuren wie z. B. Kaffee- und Rosmarinsäure. (Siehe Tabelle unten).

Polysaccharide

sind hochmolekulare → Kohlenhydrate, bestehend aus einer Vielzahl von verknüpften Einfachzuckern (Monosaccharide). Polysaccharide kommen bei Pflanzen als → Stärke und Zellulose, bei Tier und Mensch als Glykogen (Energiespeicher in Leber und Muskeln) vor.

Präbiotika – Streicheleinheiten für den Darm

Präbiotika sind Lebensmittelinhaltsstoffe, die das Wachstum und die Aktivität der »positiven« Mikroorganismen unserer → Darmflora begünstigen. Durch die Stimulation der Mikroflora sollen günstige Effekte für Gesundheit und Wohlbefinden erzielt werden. Verschiedene kurzkettige Zuckermoleküle (Oligosaccharide), die im oberen Darmanteil vom Körper selbst nicht aufgeschlossen und verwertet werden können, sind dazu geeignet. Oligosaccharide sind z. B. in Sojabohnen enthalten.

Probiotika – die »guten« Mikroorganismen

Generell handelt es sich um lebende Mikroorganismen, die – mit der Nahrung aufgenommen – einen gesundheitsfördernden Effekt ausüben sollen, indem das Gleichgewicht der bakteriellen → Darmflora zugunsten dieser »positiven« Mikroorganismen verschoben wird. Konkret sind dies die heute meist probiotischen Joghurts zugesetzten Milchsäurebakterien.

Provitamine

Meist pflanzliche Substanzen, die eine Vorstufe des eigentlichen → Vitamins sind.

⊞ **Einteilung der Polyphenole**

Substanzklasse	Beispiel	Vorkommen z. B. in
Phenole	Catechol	Zwiebeln, Bananen
Phenolsäuren	Tannin, Cynarin	Trauben, Artischocken, Spargel
Hydroxizimtsäuren	Kaffeesäure	Kaffee
Flavonoide / Flavonole	Quercetin	Zwiebeln, Grünkohl, Äpfel
Isoflavonoide	Genistein	Sojabohnen, Leinsaat
Lignane	Secoisolariciresinol	Leinsaat, Sonnenblumenkerne,
Lignine	Lignin	Vollkorn, Weizenkleie

Purin

Purine sind ringförmige, stickstoffhaltige Kohlenwasserstoffverbindungen. Die Purinbasen Adenin und Guanin sind zwei der vier Bausteine unserer Erbsubstanz, der DNA. Das Stoffwechselendprodukt ist die Harnsäure. Fleisch und Fischprodukte, aber auch Soja enthalten reichlich davon. Dadurch droht Gicht.

Quercetin - ein Wundermittel für Gefäße

Der sekundäre → Pflanzenstoff Quercetin gehört zur Gruppe der → Flavone. Es verhindert die schädliche Oxidation des LDL-Cholesterins selbst bei 1000facher Verdünnung besser als eine vergleichbare Menge an Vitamin E, das allgemein als Oxidationsschutz und Radikalenfänger schlechthin gilt.

Resveratrol - Zauberstoff aus der Traube

Resveratrol gehört chemisch in die Gruppe der Stilbene und damit zu den Phenolen (→ Polyphenole). Es ist ein potentes Antioxidans. Neueste Studien zeigen, dass Resveratrol das Tumorwachstum und den programmierten Zelltod (Apoptose) bremst. Resveratrol kommt in hoher Konzentration in der Weintraube vor und wird auch für die Schutzeffekte des Rotweins gegenüber dem Herzinfarkt (mit)verantwortlich gemacht (das so genannte »französische Paradoxon«).

Saponine

Der Name kommt aus dem Lateinischen (lat. sapo = Seife). Es handelt sich um komplexe organische Verbindungen, Bitterstoffe, die in Wasser schäumen. Sie besitzen Ähnlichkeiten mit → Steroiden und → Hormonen. Vorkommen in vielen Pflanzen, insbesondere in Hülsenfrüchten. Sie wirken vorbeugend gegen Krebs, unterstützen das Immunsystem, wirken positiv auf den Cholesterinspiegel und schützen vor Bakterien, Pilzen und Viren.

Selen

ist ein lebenswichtiges Spurenelement, das in vielen gängigen Nahrungsmitteln vorkommt. Als potentes → Antioxidans schützt es vor der zerstörenden Wirkung von Oxidationsprozessen und trägt zur Entgiftung bei. Es reguliert die Bildung von Antikörpern und aktiviert Schilddrüsenhormone.

Seine schützende Wirkung z. B. gegen Prostatakrebs ist gut belegt. Im Körper ist Selen in Knochen und Zähnen enthalten. Durch unterschiedliche Bodenbeschaffenheit findet es sich auch in verschieden hoher Konzentration in Pflanzen. Daher gibt es so genannte Selenmangelgebiete.

Silizium

ist ein Spurenelement und Strukturelement von Knorpel, Haut und Bindegewebe. Es beschleunigt den Mineralisierungsprozess der Knochen.

Sitosterin

Beta-Sitosterin gehört zu den Sterinen und Triterpenen, es ist in besonders hoher Konzentration in Kürbiskernen und anderen Pflanzensamen enthalten. Die Substanz gehört zu den sekundären → Pflanzenstoffen mit nachgewiesen günstigem Einfluss auf das Prostatawachstum.

Spurenelemente

sind lebenswichtige Elemente, die jedoch nur in kleinsten Mengen im menschlichen Organismus vorkommen. Sie müssen durch eine ausgewogene Ernährung oder in Form von → Nahrungsergänzungsmitteln zugeführt werden. Spurenelemente greifen in fast alle Prozesse des Lebens ein. Zu den Spurenelementen gehören: → Natrium und → Kalium, Chlor, → Kalzium, → Phosphor, → Magnesium, Schwefelverbindungen, → Chrom, → Eisen, → Fluor, → Jod, → Mangan, → Selen, → Zink.

Stärke

ist ein Gemisch aus → Polysacchariden und bildet in den Pflanzen das Reservat des → Kohlenhydrat-Stoffwechsels. Sie findet sich in allen Zellen höherer Pflanzen (besonders in Kartoffeln, Reis, Mais, Vollkorn) und deckt den Hauptbestandteil des Kohlenhydrat-Stoffwechsels beim Menschen.

Stearin

ist das → Triglyzerid der Stearinsäure, eine → gesättigte, höhere Fettsäure. Stearin ist Hauptbestandteil von vielen → Fetten und trägt zu deren Festigkeit bei.

Sterine

sind im Pflanzen- und Tierreich vorkommende, sekundäre einwertige Alkohole. Die bekanntesten von ihnen sind Cholesterin und Ergosterin (ein Provitamin von → Vitamin D), Phytosterine. Pflanzliche Sterine wie das Beta-Sitosterin sind dem Cholesterin zwar ähnlich, wirken aber gegenteilig: Sie senken den Cholesterinspiegel im Blut, indem sie die Aufnahme von Cholesterin aus der Nahrung hemmen. Phytosterine sind z. B. in Sesam und Soja enthalten. Sie wirken auch krebsvorbeugend.

Steroide - Grundform der Geschlechtshormone

Eine umfangreiche Gruppe natürlicher und künstlicher organischer Verbindungen (über 1.000) mit mannigfaltiger Wirkung und sehr verschiedenen biologischen Eigenschaften. Dazu gehören Nebennieren- und Sexualhormone, insbesondere alle natürlichen Androgene und → Östrogene, Gallensäuren, → Calciferole (Vitamin D-Gruppe), Diosmin, einige → Saponine und Pheromone (Duftbotenstoffe).

Süßstoffe - die anderen Zucker

Süßstoffe besitzen etwa 30.000 Mal mehr Süßkraft als Zucker, enthalten aber kaum Kalorien. Ursprünglich mit verschiedenen Erkrankungen in Verbindung gebracht, haben neuere Studien die Süßstoffe entlastet. Man unterscheidet die Süßstoffsorten Saccharin, Cyclamat, Aspartam und Acesulfam. Zur Gewichtsreduktion ist es sinnvoller, sich die »Geschmacksqualität süß« abzugewöhnen, statt auf Süßstoffe auszuweichen – sie sollten die Kur bestenfalls begleitend unterstützen. Nicht zu verwechseln mit → Zuckeraustauschstoffen.

Sulfide

sind Salze des Schwefelwasserstoffs, die bei Verbindungen des Schwefels mit einem anderen Element entstehen (z. B. die Knoblauch-Inhaltsstoffe Alliin, Ajoen und Allicin). Meistens etwas »anrüchig«. Sie wirken positiv gegen Krebs und Mikroorganismen, sind Entzündungshemmer, regulieren den Blutdruck und fördern das Immunsystem.

Testosteron - ein Killerhormon?

In der Laienpresse wird Testosteron als »Killerhormon« angeprangert, weil es für die Entstehung von Prostataleiden und Haarausfall (Dihydrotestosteron) verantwortlich gemacht wird. Das im Hoden gebildete und in der Prostata in seine eigentlich wirksame Form umgewandelte männliche Keimdrüsenhormon ist aber wichtig. Beim Mann ist Testosteron für den Geschlechtstrieb und die Fortpflanzung unerlässlich, stimuliert die allgemeine Vitalität und ist für seine größere Muskelmasse verantwortlich. Testosteron verhindert die gefürchtete Entkalkung der Knochen → Osteoporose. Der Preis ist eine höhere Rate an Herz-Kreislauf-Erkrankungen und Prostataleiden. Auch Frauen haben und brauchen eine geringe Menge an Testosteron. Es entsteht durch Umwandlung von Nebennierenhormon.

Thiamin → Vitamin B1

Tocopherol → Vitamin E

Tryptophan

Eine essenzielle aromatische (d. h. einen Phenolring enthaltende) Aminosäure, die als Baustein für Eiweißkörper verwendet wird. Aus Tryptophan wird → Niacin gebildet. Fisch und Milch sind besonders reich an Tryptophan.

Ungesättigte Fette

enthalten essenzielle Fettsäuren, die der Körper benötigt, aber selbst nicht herstellen kann. Sie sind am Aufbau der Zellmembranen beteiligt und spielen eine Rolle bei der Bereitstellung von Signalstoffen, die den Stoffwechsel regulieren. Als besonders wertvoll für die Ernährung haben sich die dreifach ungesättigten → Omega-3-Fettsäuren erwiesen, sie sind in Seefisch enthalten. Auch pflanzliche Öle liefern ein- oder mehrfach ungesättigte Fettsäuren, die von großem gesundheitlichem Nutzen sind. Guter Nebeneffekt: Sind viele ungesättigte Fettsäuren in der Nahrung enthalten, ist der Anteil an gesättigten Fetten (die nichts liefern außer Energie) entsprechend geringer.

Triglyzeride – hören Sie auf Ihren Arzt!

Triglyzeride, auch Neutralfette, bestehen aus → Glyzerin und drei daran gebundenen → Fettsäuren. Hier ist Energie auf engstem Raum gespeichert. Triglyzeride bilden die Grundlage von Übergewichtigkeit (Bierbauch) und führen zu erhöhtem Cholesterinspiegel – mit all den damit verbundenen Risiken für Herz und Kreislauf. Übergewicht begünstigt Prostataerkrankungen und belastet das Skelettsystem. Daher: Fettarm essen, pflanzliche Fette bevorzugen und gelegentlich die Blutfettwerte bestimmen lassen!

Vitamine – Die »Lebensstoffe«

Vitamine sind Substanzen, die der Organismus nicht selbst synthetisieren kann, die jedoch lebensnotwendig sind. Sie müssen mit der Nahrung zugeführt werden. Vitamine werden vom Körper nicht zur Energiegewinnung oder zum Organaufbau herangezogen, sondern dienen als Mittler und Wirkstoffe. Produziert werden Vitamine oder ihre Vorstufen, die → Provitamine, von Pflanzen und Mikroorganismen. Vitamine sind chemisch ganz unterschiedliche Substanzen. Sie werden in fett- und wasserlösliche Vitamine unterteilt. Die fettlöslichen Vitamine A, D, E und K können im Gegensatz zu den übrigen wasserlöslichen im Organismus gespeichert werden. Defizite durch falsche und ungenügende Ernährung lösen Mangelerkrankungen aus.

Vitamin A – Retinoide für den strahlenden Blick

Vitamin A ist der Oberbegriff einer ganzen Reihe von Substanzen. Das fettlösliche Vitamin wird vor allem in Form seiner Provitamine wie Betakarotin aufgenommen. Zur Resorption (Aufnahme und Verarbeitung) im Darm sind Gallensäuren notwendig. Provitamin A kommt in Gemüse (Möhren, Rote Beete, Blattgemüse, Petersilie, Tomaten...), Obst (Aprikosen, Hagebutten, Orangen...), Milch und Eiern vor. Vitamin A ist Teil des Sehpigments Rhodopsin, das eine wesentliche Rolle beim Sehvorgang spielt. Weiter ist Vitamin A für die Stabilität der Zellmembranen (also für eine schöne Haut), zum Wachstum, für die Knochenbildung und das Immunsystem wichtig. Das → Antioxidans ist empfindlich gegen Licht, Sauerstoff und Wärme.

Vitamin B (Komplex) – Power für die Nerven

Der Vitamin B-Komplex besteht aus Thiamin (→ Vitamin B1), Riboflavin (→ Vitamin B2), Pyridoxin (→ Vitamin B6) und den Cobalaminen (→ Vitamin B12). Diese wasserlöslichen Vitamine kommen meist als Komplex vor, die einzelnen Vertreter sind in ihrer Wirkung zum Teil ähnlich. B-Vitamine werden im → Kohlenhydrat-Stoffwechsel benötigt, beeinflussen die Schilddrüsen- und die Nervenfunktion. Zu den Hauptlieferanten zählen Vollkorngetreide, Keime, Naturreis, Hülsenfrüchte, Nüsse, Salat, Tomaten, Kartoffeln, Pflaumen, Hefe und Geflügel. Die Vitamine → Niacin, → Folsäure und → Pantothensäure, vormals Teil der Gruppe, werden heute nicht mehr zum B-Komplex gerechnet.

Vitamin B 1 – Thiamin

Vitamin B 1 setzt sich zusammen aus Thiamin und Aneurin. Vitamin B1 ist in vielen Lebensmitteln tierischen und pflanzlichen Ursprungs enthalten. Es spielt eine wesentliche Rolle beim Kohlenhydratabbau. Sein Fehlen führt zu der Vitamin-Mangel-Krankheit Beri-Beri. Zur Behandlung fand der Wissenschaftler Funk 1911 in Reiskleie eine stickstoffhaltige Verbindung, die er Vitamin nannte.

Vitamin B 2 – Riboflavin

ist ein Antioxidans, das beim Stoffwechsel von Kohlenhydraten, Eiweiß und Fett benötigt wird. Es schützt die Augen vor Lichtüberempfindlichkeit und fördert die Sehkraft. Vitamin B2 findet sich vor allem in Hefe, Keimen, Eigelb und grünen Gemüsen. Haut- und Bluterkrankungen können die Folgen einer Mangelerscheinung sein.

Vitamin B 6 – Pyridoxin

ist in den gleichen Nahrungsmitteln enthalten wie der Vitamin B-Komplex. Es ist wichtig für den Eiweißstoffwechsel, die Funktion des Nervensystems, des Gehirns und des Herzens. Es reguliert die Bildung von → Niacin. Zudem beeinflusst Pyridoxin den Hautzustand und die Blutbildung positiv. Gute Lieferanten sind Vollkorngetreide, Nüsse, grüne Gemüse, Kartoffeln, Hefe, Avocados, Milch und Bananen.

vitamine

Vitamin B 12 – Cobalamin

Nur Mikroorganismen sind zur Bildung von → Cobalamin befähigt, so auch die Bakterien der Darmflora. Dort gebildetes Cobalamin wird im letzten Abschnitt des Dünndarms aufgenommen. Die Substanz ist beteiligt beim Eiweißstoffwechsel und bei der Bildung der roten Blutkörperchen. Sie kommt neben Weizenkeimen, Vollkorngetreide, Hülsenfrüchten, Algen und Sauerkraut überwiegend in Lebensmitteln tierischen Ursprungs vor (Hefe, Eier, Fisch, Milch und Milchprodukte). Mangelerscheinungen führen zu Blutarmut und Nervenerkrankungen.

Vitamin C – die Kraft des Obstes

ist auch als Ascorbinsäure bekannt. Die hitzeempfindliche, wasserlösliche Hexuronsäure (Ascorbigen) wird durch → Oxidation rasch zerstört. Daher nimmt der Vitamin C-Gehalt von Lebensmitteln mit der Lagerungsdauer ab. Vitamin C ist wichtig für den Zellstoffwechsel und den Aufbau des Bindegewebes. Außerdem bewirkt es eine bessere → Eisenverwertung aus der Nahrung und stärkt die Widerstandskräfte gegen Infektionskrankheiten. Vitamin C wirkt regulativ auf den Wasserhaushalt und fördert Entgiftungsreaktionen, außerdem begünstigt es den Cholesterinstoffwechsel. Das → Antioxidans findet sich in hoher Konzentration in rohem Gemüse wie Paprika, (gegarten!) Kartoffeln, Sauerkraut und Tomaten; in Kräutern wie Petersilie und Brennnessel; in Zitrusfrüchten wie Orangen, Zitronen und Grapefruits; in Kiwis, Hagebutten und Beeren (schwarze Johannisbeeren!). Die Vitamin C-Mangelerkrankung, eine bei Seefahrern früher gefürchtete Krankheit, ist der Skorbut.

Vitamin D – das »Sonnenschein-Vitamin«

Vitamin D bzw. die Calciferole sind fettlösliche Substanzen, die den → Steroiden nahe stehen. Nur wenige Lebensmittel enthalten Vitamin D (Makrele, Lachs, Lebertran, Milch, Eigelb, Butter), Margarine wird damit angereichert. Man nimmt das Vitamin überwiegend in Form seiner Provitamine (Ergosterin) auf, die im Körper »umgebaut« werden (pflanzliches Öl, Hefe). Für die körpereigene Synthese von Vitamin D ist Sonnenlicht unentbehrlich. Auf die Haut treffende UV-Strahlen bewirken die Umwandlung. Vitamin D sorgt im Darm für die Aufnahme von → Phosphor und → Kalzium, es ist mitverantwortlich für den → Kalium-Haushalt, die Verdauung und ist ein gutes → Antioxidans. Ein Mangel an Vitamin D kann zu einer schweren Mineralisierungsstörung und irreversiblen Deformierung der »erweichten« Knochen führen, der Rachitis (Trichterbrust).

Vitamin E – das Schutzvitamin

Das fettlösliche Vitamin E, auch Tocopherol, unterstützt den Kreislauf, das Herz und die Lungentätigkeit. Auch die »Zellatmung« wird unter Vitamin E verbessert. Darüber hinaus ist Vitamin E wichtig für Aufbau und Funktion der Fortpflanzungsorgane. Als → Antioxidans wirkt es als Zellschutzfaktor, z. B. gegen Alterungszustände der Haut und als allgemeiner Schutz vor Oxidationsprozessen. So schützt es → ungesättigte Fettsäuren, wirkt der → Oxidation von → Vitamin A entgegen, verhindert das Ranzigwerden von Fetten und Ölen. Das hitzebeständige Tocopherol kommt in Vollkornprodukten, Sojabohnen, Hülsenfrüchten, Weizen-, Mais- und Reiskeimen, in Nüssen, Grünkohl, Spinat, Sellerie, Petersilie, Eigelb und kaltgepresstem Pflanzenöl (in besonders hoher Konzentration in Weizenkeimöl) vor.

Vitamin H – Biotin

ist die veraltete Bezeichnung für → Biotin.

Vitamin K – Phyllochinon

umfasst eine Gruppe von fettlöslichen, hitzelabilen Substanzen, die inzwischen mit dem Begriff Phyllochinone bezeichnet werden. Für die Resorption (Aufnahme und Verwertung) sind Gallensäuren notwendig. Es wird im Dickdarm von den Bakterien der Darmflora gebildet. Vitamin K kommt in allen grünen Pflanzen vor, in hoher Konzentration in Blattgemüse, Grünkohl, Blumenkohl, Tomaten, Erdbeeren, Hagebutten, Kartoffeln, Mais, Weizenkleie, Keimen und Eidotter. Vitamin K beschleunigt die Blutgerinnung. Hierzu wird es in der Medizin auch therapeutisch angewendet.

Vitamin P

ist die veraltete Bezeichnung für die → Flavonoide.

Wasser – das Lebenselixier!

Wasser, H_2O, chemische Verbindung aus Wasserstoff und Sauerstoff. In der Natur ist Wasser in einem ewigen Kreislauf. Wasser ist der Hauptbestandteil allen Lebens: Pflanzen bestehen bis zu 95 Prozent, der menschliche Körper zu 70 Prozent daraus. Der Wasserhaushalt des Menschen steht in engem Zusammenhang mit dem Elektrolythaushalt (Verteilung der Mineralstoffe im Körper) (→ Natrium). Die Wasseraufnahme sollte bei einem Erwachsenen pro Tag bei zwei bis drei Litern liegen, s. a. → Koffein.

Zink – nicht nur ein Schutz für Regenrinnen

Zink ist Co-Faktor vieler → Enzyme. Das Spurenelement schützt die Zelle vor freien Radikalen, spielt eine wichtige Rolle für die Funktionstüchtigkeit des Immunsystems und stimuliert die Produktion von Prostaglandinen (Gewebshormone). Es wirkt hemmend auf das Enzym Aromatase und beugt damit dem Prostatawachstum vor. Zinkmangel führt zu Zwergwuchs und Störungen in der geschlechtlichen Entwicklung, reduziertem Haarwachstum und rauer Haut. In der Medizin wird Zink bei Wundheilungsstörungen, Ekzemen und Insektenstichen angewendet. Zink ist z. B. in Käse und Vollkornprodukten enthalten.

Zuckeraustauschstoffe – Süßen (fast) ohne Reue

Zuckeraustauschstoffe sind Zuckerarten, die in kleinen Mengen ohne Mitwirkung von → Insulin im Körper abgebaut werden können. Sie sind deshalb wichtige Süßungsmittel für Diabetiker. Nicht zu verwechseln mit → Süßstoffen, da sie pro Gramm 2,4 kcal Energie liefern! Zu den Zuckeraustauschstoffen gehören Fruchtzucker und zuckerähnliche Substanzen wie Sorbit, Xylit, Mannit, Isomalt und Maltit. Ihr Verzehr führt nicht zu Karies, kann aber aufgrund der osmotischen Wirkung in größeren Mengen Durchfall hervorrufen.

Tabelle 1:
Wieviel Vitalstoff braucht der Mann

Vitalstoff	Empfohlener täglicher Bedarf (mg)
Mineralstoffe	
Kalzium	1.000–1.500
Magnesium	325–600
Natrium	Max. 5.000
Kalium	2.000–5.000
Spurenelemente	
Zink	25–50
Eisen	15–50
Mangan	2–5
Molybdän	0,10–0,25
Chrom	0,15–0,25
Jod	0,18–0,3
Kupfer	40–120 µg
Fluor	1,5–4
Bor	5–10
Silizium	20–30
Vitamine	
Vitamin A	3.000–5.000 IE
Beta-Karotin	5
Vitamin D	5–10 µg
Vitamin E	0,3–0,4
Vitamin K	30–120 µg
Vitamin B1 (Thiamin)	10–50
Vitamin B2 (Riboflavin)	10–50
Niacin	50–150
Vitamin B6 (Pyridoxin)	10–50
Folsäure	0,4–0,6
Vitamin B12 (Kobalamin)	5–15 µg
Pantothensäure	10–100
Biotin	0,1–0,5
Vitamin C (Ascorbinsäure)	1.000–5.000
Koenzym Q10	30–120

Tabelle 2: Phytoöstrogene: wo man sie findet

Art	Nahrungsmittel	Enterolacton/-diol mg/100 g Trockengewicht
Ölsamen	Leinsamen	57857
	Sojabohnen	955
Cerealien	Reis (natur)	297
Gemüse	Spargel	4503
	Karotten	2932
	Eisbergsalat	2611
	Brokkoli	2072
	Linsen	1956
	Blumenkohl	1616

Tabelle 3: Bioaktive Substanzen: Positive Wirkung bei, für bzw. gegen...

	Krebs	Pilze, Bakterien, Viren	Oxidation	Blutgerinnung	Immunsystem	Entzündungen	Bluthochdruck	erhöhter Cholesterinspiegel	überhöhter Blutzucker
Carotinoide	✔							✔	
Phytosterine	✔							✔	
Saponine	✔	✔			✔			✔	
Glucosinolate (z. B. Indole)	✔	✔						✔	
Polyphenole	✔	✔	✔	✔	✔	✔	✔		✔
Terpene	✔								
Phytoöstrogene	✔		✔						
Sulfide	✔	✔	✔	✔	✔	✔	✔	✔	

Modif. nach Watzl, Leitzmann: Bioaktive Substanzen in Lebensmitteln, Hippokrates, Stuttgart 1995

Warenkunde

Genuss, Gesundheit und Lebensfreude sollten im Leben eine tragende Rolle spielen. Das Essen gehört dazu. Auch beim Manne. Und wer sich im Nahrungsmitteldschungel auskennt, hat es bei der Zubereitung der Köstlichkeiten leichter. Bevor Sie sich also an den Einkauf der Zutaten machen, sollten Sie sich mit der vorliegenden Warenkunde einen Einblick in diese bunte Welt verschaffen. Natürlich können an dieser Stelle nicht alle Lebensmittel angesprochen werden. Wir haben uns daher in erster Linie auf die wichtigsten Inhaltsstoffe der im Rezeptteil aufgeführten Gerichte bezogen. Die erklärungsbedürftigen Fachbegriffe sind mit Querverweisen (→) gekennzeichnet, sie können im vorstehenden Kapitel (Lexikon der Prävention) nachgeschlagen werden.

Pflanzliche Lebensmittel

Getreide

Getreide gehört zu unseren Grundnahrungsmitteln. Historische Dokumente bestätigen, dass bereits im Neolithikum Getreide angebaut wurde. In früheren Zeiten hatte Getreide Arzneimittelstatus. Ein Beispiel hierfür ist die beruhigende Wirkung auf Schleimhäute. Durch die Weiterentwicklung der Getreideverarbeitung steht uns heute ein riesiges Angebot an verschiedenen Nahrungsmitteln rund um den Hauptbestandteil Getreide zur Verfügung.

Inhaltsstoffe und Präventionswert

▣ **Kohlenhydrate:** Sie sind der Hauptbestandteil von Getreide. Man unterscheidet hier verwertbare und nichtverwertbare Kohlenhydrate, die so genannten Ballaststoffe. Der Anteil der komplexen, verwertbaren Kohlenhydrate ist so hoch, dass Getreide und Getreideprodukte den wichtigsten Energielieferanten überhaupt darstellen. Der Anteil an → Ballaststoffen hängt im Wesentlichen vom Ausmahlungsgrad ab.

▣ **Fett:** Im Getreidekeimling finden wir das → Fett. Das volle Getreidekorn hat also einen relativ hohen Fettanteil. Verarbeitetes Getreide, wie z. B. Mehl, hat einen niedrigen Fettanteil, da der Keimling vor der Verarbeitung entfernt wird.

▣ **Proteine:** Getreide ist ein wichtiger Lieferant pflanzlichen Proteins (Eiweiß). Die biologische Wertigkeit, also das Maß der Verwertbarkeit von Nahrungsproteinen für den menschlichen Organismus, ist gut und kann durch eine regelmäßige Zufuhr noch gesteigert werden.

▣ **Vitamine:** Getreide liefert vor allem die → Vitamine aus der B-Gruppe in nennenswerten Mengen. Weiterhin vorhanden sind Vitamin E und → Folsäure. Das erklärt auch die medizinische Anwendung (z. B. von Hafer) bei Nervenschwäche und Depressionen.

▣ **Weitere Inhaltsstoffe** sind Indolalkylamin und Grammin (→ Polyphenole) (z. B. in Gerste), → Alkaloide, → Flavonoide, Kieselsäure und → Kalzium, insbesondere im Hafer.

Sorten

▣ **Weizen**

macht den höchsten Anteil der Getreidesorten weltweit aus und wurde bereits vor 6000 Jahren kultiviert. Bestandteile von Weizen sind unter anderem: Riboflavin, Thiamin, Niacin und Karotin. In Weizenkeimöl finden sich bis zu 0,5 Prozent Tocopherol (Vitamin E), zudem Mineralien, Öle, Fettsäuren und sekundäre Pflanzenstoffe wie Phytoöstrogene. Weizen hat viele Einsatzmöglichkeiten. Wegen des Gehaltes an so genanntem Klebereiweiß ist er zum Backen besonders gut geeignet. Weiterhin lässt sich Weizen zu Speisestärke und Kaffee-Ersatz verarbeiten, man kann ihn aber auch gut keimen lassen. Wer Müsli mag, schätzt Weizenkeime als Zutat.

⊡ Roggen

ist ein längliches, leicht grünes Korn. Es eignet sich ebenso wie Weizen zum Backen, für Getreidegerichte, Müslis und zum Keimen. Dem Roggenkorn fehlt das Klebereiweiß, deshalb braucht es bei der Brotherstellung die Säure des Sauerteigs, um eine lockere Krume auszubilden. Roggen ist reich an Ballaststoffen und hat einen würzigen Geschmack. Ungereinigter Roggen kann giftiges Mutterkorn enthalten. Es fällt durch seine unterschiedliche Farbe und Länge auf und muss unbedingt aussortiert werden. Die darin enthaltenen giftigen Alkaloide sind psychoaktive Substanzen, ähnlich dem LSD.

⊡ Gerste

Im Hinblick auf unsere präventiven Ambitionen sollten wir der Gerste in flüssiger Form (Bier, Malt, Whisky) nur einen sehr untergeordneten Platz auf unserem Getränkeplan einräumen. In der Küche findet Gerste heute kaum noch Verwendung, da sie sich nicht gut zum Backen eignet. Man kann sie jedoch als Flocken im Müsli oder für Aufläufe verwenden. Gerste muss geschält werden. Geschliffene und polierte Körner sind im Lebensmittelhandel als Graupen erhältlich.

⊡ Hafer

ist eine besonders mild schmeckende Getreideart. Deshalb wird sie auch gerne in der Kinderernährung verwendet. In Form von ganzen Körnern oder Flocken findet Hafer vielfältigen Einsatz in der Küche. Reich an Ballaststoffen, regt er die Verdauung an und hilft bei Magen- und Darmproblemen. Neuere Forschungen haben gezeigt, dass Hafer den Cholesterinspiegel positiv beeinflussen kann. Dies ist unter dem Aspekt der Prävention natürlich von Bedeutung.

⊡ Reis

ist mehr als eine wunderbar duftende Beilage: Neben Mais und Weizen ist es das wichtigste Getreide der Erde. Weltweit gibt es über 8000 Sorten Reis. Bei uns wird Reis nicht nach Sorten, sondern nach der Behandlung unterteilt:
– Langkorn- oder Patnareis ist eine harte und glasige Reissorte. Sie bleibt beim Kochen locker und körnig.

– Rundkornreis ist eine weichere Reissorte, die beim Kochen klebriger wird als Langkornreis.
– Naturreis wird auch Vollreis genannt. Das nur vom Spelz befreite Reiskorn ist noch von der Samen-Schale, dem so genannten Silberhäutchen, umgeben. Naturreis quillt beim Kochen stark auf, bleibt aber bissfest.
– Parboiled Reis ist unter Dampfdruck vorbehandelt. Dadurch werden die wertvollen Inhaltsstoffe ins Innere des Korns gepresst und gehen beim nachfolgenden Schälen nicht verloren. Parboiled Reis ist leicht gelblich und wird beim Kochen weiß. Unpolierter Reis enthält wesentlich mehr Ballaststoffe, Mineralstoffe und Vitamine als polierter. Er ist aus ernährungsphysiologischer Sicht also vorzuziehen.

⊡ Mais

Von den verschiedenen Sorten ist der »normale« handelsübliche Mais der Zuckermais. Er wird wie Gemüse zubereitet und gegessen. Maismehl, Speisestärke, Gries und Speisewürze werden aus einer härteren Sorte hergestellt. Weiterhin wird aus dem Keimling wertvolles Maiskeimöl gewonnen. Ganze Körner werden zu Cornflakes verarbeitet und teilweise auch als Gerstenersatz zum Bierbrauen verwendet. Die dritte für uns interessante Maisart ist der Puffmais (Popcorn). In Mexiko wird Mais als Getreide zur Tortilla-Herstellung verwendet. Von allen Getreidesorten hat Mais den höchsten Gehalt an Stärke. Er enthält er → Saponine, → Allantoin, → Sterine, → Stigmasterin,

reis

→ Alkaloide, außerdem Hordenin und andere
→ Polyphenole. Auszüge werden bei entzündlichen Erkrankungen der Harnwege und Blasenentzündung eingesetzt.

◪ Hirse

Frische Hirsekörner haben den besten Geschmack, bei längerer Lagerung werden sie bitter und ranzig. Im Lebensmittelhandel wird Hirse bereits geschält angeboten. Neben dem legendären Hirsebrei aus Grimms Märchen wird Hirse zu Couscous verarbeitet. Hierzu wird das gemahlene Getreide zu kleinen Kügelchen gerollt, die dann über kochendem Wasser gegart werden. Die Körner enthalten Aminosäuren, Vitamine und Mineralstoffe, besonders Eisen, Silizium und Fluor.

Mahlprodukte
◪ Mehl

Ein kurzes Wort hierzu, damit kein Mann mehr ratlos vor den Mehlpackungen und ihren Geheim-Codes stehen muss.
Es gibt unterschiedliche Ausmahlungsgrade von Getreide, sie gehen aus der »Typenbezeichnung« auf der Verpackung hervor. Die Zahl gibt an, wie viel Milligramm Mineralstoffe 100 Gramm Mehl enthalten. Ein Mehl Type 405 enthält in 100 Gramm also nur noch rund 405 mg Mineralstoffe, ein Mehl Type 1050 zweieinhalb Mal so viel – es ist nicht nur ernährungsphysiologisch wertvoller, sondern auch dunkler.

◪ Teigwaren

Männer lieben Pasta! Marco Polo brachte sie aus China mit. Alle Sorten Nudeln oder Pasta werden unter dem Begriff Teigwaren zusammengefasst. Die Sortenvielfalt ergibt sich mehr aus den phantasiereichen Formen als aus den eigentlichen Zutaten, denn sie alle werden aus feinem Weizengrieß und Wasser hergestellt.
Wird zur Herstellung der stärkearme, eiweißreiche Durumweizen verwendet, entstehen Hartweizennudeln. Durch den niedrigen Stärkegehalt verbindet sich der Hartweizen besonders gut mit Wasser, weshalb die Nudeln beim Kochen auch ihre schöne »bissfeste« Konsistenz behalten. Eierteigwaren, die aus dem eiweißarmen und stärkereichen Brotweizen oder Weichweizen hergestellt werden, enthalten neben dem Weizengrieß und dem Wasser noch Eier. Die Anzahl der zugegebenen Eier entscheidet über die Farbe, den Geschmack und die Gareigenschaften der Nudeln. Je mehr Eier den Teigwaren zugesetzt werden, desto zarter wird ihre Konsistenz. Durch das Ei-Lezithin wird das Auswaschen der Stärke verhindert und eine gute Garqualität gewährleistet. Vollkornnudeln werden aus dem ganz gemahlenen Weizen- oder Dinkelkorn hergestellt. Es gibt Vollkornnudeln mit und ohne Ei. Vollkornnudeln zeichnen sich durch den kräftigen, nussigen Geschmack und eine leicht braune Farbe sowie etwas längere Garzeiten aus. Sie sind wirk- und ballaststoffreicher als normale Teigwaren. Bunte Nudeln werden durch den Zusatz von pflanzlichen Farbstoffen, zum Beispiel aus Spinat oder Rote Beete, eingefärbt. Ansonsten unterscheiden sie sich nicht von herkömmlichen Pasta.

Hülsenfrüchte

Unter dem Begriff Hülsenfrüchte oder Leguminosen werden Pflanzen aus drei verschiedenen botanischen Gruppen zusammengefasst. Die bei uns bekanntesten Sorten gehören zu der Gruppe der »wickenartigen Hülsenfrüchte«. Die im asiatischen Raum beliebten Sorten zählen dagegen zu den »bohnenartigen Hülsenfrüchten«.

Inhaltsstoffe und Präventionswert

Hülsenfrüchte gehören zu den pflanzlichen Nahrungsmitteln mit einer nahezu idealen Zusammensetzung. Sie liefern einen hohen Anteil an essenziellen – das sind die guten, → ungesättigten – Fettsäuren, ebenso fast alle wichtigen → Aminosäuren. Sie zeichnen sich durch einen guten Anteil an Ballaststoffen, Vitalstoffen und sekundären Pflanzenstoffen – hier vor allem → Phytoöstrogene – aus. In ihrer Zusammensetzung weichen die einzelnen Hülsenfruchtarten teilweise stark voneinander ab. Eine Gemeinsamkeit ist aber, dass sie von allen pflanzlichen Lebensmitteln den höchsten Eiweißgehalt besitzen. Auch der Anteil an → Mineralstoffen (Eisen, Kalzium) und an → Vitaminen (B-Komplex, Vitamin A und E) ist überall beachtlich.

Sorten

⊞ Bohnen

zählen zu der variantenreichsten Gruppe der Hülsenfrüchte. Gute Früchte erkennt man an ihrer Sauberkeit und am Glanz. Bohnen mit Löchern oder dunklen Stellen sind minderwertig. Bohnen lassen sich getrocknet mehrere Jahre lagern.

⊞ Erbsen

sind unter den Hülsenfrüchten die beliebteste Sorte und haben einen hohen Stärkeanteil. Es gibt sie in verschiedenen Farben und Größen, z. B. als Pal- oder Schälerbsen. Ungeschälte Erbsen eignen sich nicht für Personen mit empfindlichem Magen, da die Schalen unverdaulich sind. Erbsen sollten kühl und dunkel, maximal 6 Monate, gelagert werden.

⊞ Linsen

unterscheiden sich in ihrer Größe, die zwischen vier und sieben Millimeter Durchmesser variiert. Es gibt Riesenlinsen, Tellerlinsen, Mittellinsen und kleine Zuckerlinsen. Je kleiner die Linse ist, desto besser ist der Geschmack. Getrocknete Linsen kann man mehrere Jahre lagern, man sollte sie kühl und dunkel aufbewahren. Linsen brauchen vor der Verarbeitung nicht eingeweicht zu werden.

⊞ Sojabohnen

enthalten bis zu 40 Prozent biologisch hochwertiges Eiweiß und bis zu 20 Prozent, bei einem hohen Anteil an ungesättigten Fettsäuren. Damit gehören sie zu den pflanzlichen Nahrungsmitteln mit höchstem Nährwert. Der Gehalt an Stärke ist niedriger als bei anderen Leguminosen. Unter präventivem Aspekt besonders bedeutsam ist der hohe Anteil an Vitamin → B1 und B2. Sojabohnen werden wie andere getrocknete Hülsenfrüchte verarbeitet. Darüber hinaus liefern sie eine breite Palette an Produkten. Die bekanntesten sind Sojasauce und Tofu. Aber schauen sie sich in einem Naturkostladen oder Reformhaus um: Die Auswahl und die Geschmacksvielfalt sind riesig!

Achtung: Der Verzehr von Sojaprodukten ist für Gichtkranke nur eingeschränkt zu empfehlen, da Soja viel → Purin enthält.

Nüsse und Samen

In den Sagen und Mythen gilt die Nuss als Sinnbild für Fruchtbarkeit und Jugend. Nüsse enthalten die wichtige Aminosäure → Tryptophan und den Botenstoff Serotonin (→ Pflanzenstoffe). Eine Überflutung der Rezeptoren mit diesen Pflanzenwirkstoffen kann, nach arabischer Überlieferung, die Tore zu den »Oasen der Seeligen« öffnen. Allerdings sind hier wohl keine aphrodisischen Ekstasen gemeint, da die durchschnittlich verzehrte Menge dies leider nicht leisten kann – wegen des hohen Fettgehaltes ohnehin nicht zu empfehlen.

Inhaltsstoffe und Präventionswert

Kohlenhydrate sind in Nüssen und Samen in recht unterschiedlichen Anteilen enthalten. Besonders reich an verwertbaren Kohlenhydraten sind Cashewnüsse, Haselnüsse, Pinienkerne, Sesam, Sonnenblumenkerne und Walnüsse. Gar keine Kohlenhydrate enthält dagegen die Macadamianuss. Je höher der Anteil an verwertbaren Kohlenhydraten in den Nüssen, desto kleiner ist der Anteil an → Ballaststoffen.

Fette enthalten alle Nüsse und Samen reichlich. Teilweise bestehen Nüsse zu über 50 Prozent aus Fett, was sie zu einem starken Energielieferanten macht. Der Anteil an wertvollen → ungesättigten Fettsäuren ist jedoch besonders hoch.

Proteine finden sich in Nüssen ebenfalls in nennenswerten Mengen. Der hohe Anteil an essenziellen Aminosäuren macht Nüsse durchaus zu einem wertvollen Nahrungsmittel. Die Kombination Nüsse und Samen mit tierischen Eiweißlieferanten kann die Verwertbarkeit der Proteine insgesamt deutlich steigern.

Sekundäre Pflanzenstoffe: Einige Samen sind »Weltmeister« bezüglich ihres Gehaltes an → Phytoöstrogenen. Dazu zählen u.a. Sesam und Leinsamen.

Vitamine und Mineralstoffe: Nüsse sind gute Lieferanten von → Vitaminen des B-Komplexes (B1, 2). Weiterhin liefern Nüsse Vitamin A, E und → Folsäure, → Kalzium, → Magnesium und → Eisen.

Sorten

⊡ **Leinsamen**
ist als ganzes Korn oder gemahlen erhältlich. Die Saat zeichnet sich durch einen hohen Anteil an Eiweiß, Kohlenhydraten, → Phytoöstrogenen und darmanregenden Schleimstoffen aus. Auf Grund des hohen Fettanteils sollte Leinsaat sparsam verwendet werden. Gemahlener Leinsamen ist nicht lange haltbar, da die Fette schnell ranzig werden. Er ist aber eine ausgezeichnete Bereicherung für Joghurt, Quark und Müsli.

⊡ **Pinienkerne**
sind feinwürzige, süße Ölsamen und das i-Tüpfelchen für feine Salate. Ohne Fett in der Pfanne geröstet sind sie eine absolute Delikatesse!

⊡ **Sesam**
Neben dem hohen Fettanteil (→ Linolsäure) enthält die Ölsaat Sesam wertvolles Eiweiß und nennenswerte Mengen an Vitamin E, den Vitaminen der B-Gruppe sowie hochwertige Mineralstoffe. Sesam bietet vielfältige Einsatzmöglichkeiten in der Küche. Er kann zum Backen ebenso verwendet werden wie zum Braten, als aromatische Panade, oder roh als geschmackliche Raffinesse zu vielerlei Gerichten.

⊡ **Sonnenblumenkerne**
sind die nährstoffreichen Samen der Sonnenblume. Neben hochwertigem Eiweiß bestehen sie

zu 50 Prozent aus Fett, mit nennenswertem Anteil an ungesättigten Fettsäuren. Hauptsächlich wird aus den Kernen das hochwertige Sonnenblumenöl gepresst. Sie enthalten einen hohen Anteil an Vitamin A, Vitamin E, den Vitaminen der B-Gruppe sowie zahlreichen Mineralstoffen und Spurenelementen.

⊡ **Walnüsse**
Walnüsse werden gerne beim Backen, bei der Käseherstellung, zum Kochen und zum Naschen eingesetzt. Besonders gesund sind frische Nüsse.

Kartoffeln
Die ursprünglich südamerikanische Knolle ist seit dem frühen 18. Jahrhundert nicht mehr vom hiesigen Acker und Speiseplan weg zu denken. Die Folge des Kartoffelanbaus in Europa war eine verbesserte Ernährung der Bevölkerung und damit verbunden ein spürbares Bevölkerungswachstum.

Inhaltsstoffe und Präventionswert
Kartoffeln zeichnen sich durch ihren niedrigen, aber wertvollen Anteil an → Eiweiß aus. Weiter-

hin enthalten sie, pur verzehrt, fast kein Fett. Die Kohlenhydrate der Kartoffel bestehen hauptsächlich aus komplexer → Stärke, was die Frucht zu einer guten Energielieferantin macht. Kartoffeln enthalten aber auch reichlich unverwertbare Kohlenhydrate (→ Ballaststoffe). Besonders wertvoll wird die Kartoffel durch den hohen Anteil an → Kalium, dem natürlichen Gegenspieler zum → Natrium. Kalium kommt im Gegensatz zu Natrium in nicht vielen Nahrungsmitteln vor. Weiterhin enthalten Kartoffeln beachtlich viel → Vitamin C in Form der natürlichen L-Ascorbinsäure und sekundäre → Pflanzenstoffe wie die → Karotinoide Lutein und Zeaxanthin.

Gemüse

Inhaltsstoffe und Präventionswert

Gemüse nimmt eine bedeutende Stellung in der Ernährung ein. Allgemein lassen sich die Gemüsesorten als hochwertiger Lieferant von → Vitaminen, Mineralstoffen und → Spurenelementen bezeichnen. Gemüse gehört zu den Nahrungsmitteln mit dem höchsten Präventionswert überhaupt. Es liefert wenig Energie, dafür aber umso mehr Vital- und sekundäre → Pflanzenstoffe. Täglich sollten bis zu fünf Portionen Gemüse und / oder Obst verzehrt werden, wozu auch hochwertige Säfte zählen. Ungegartes oder schonend gegartes Gemüse, das möglichst sparsam geputzt wird, enthält den höchsten Anteil an Vitalstoffen und sekundären Pflanzenstoffen. Wer nicht jeden Tag auf dem Markt frisches Gemüse kaufen kann oder möchte, kann auf die tiefgekühlten Gemüsesorten zurückgreifen.

Sorten

⊡ Artischocken

sind das ganze Jahr über erhältlich, die beste Qualität haben sie jedoch im Spätherbst und im Spätfrühjahr. Zum Verzehr geeignet sind die schuppigen Blütenköpfe, sie werden gekocht. Die Artischocke ist ein richtiges »Allroundtalent«: Man sagt ihr eine wohltuende Wirkung auf den Magen nach, zudem unterstützt sie die Heilung von Lebergewebe und kann den Cholesterinspiegel sen-

ken. Wichtig ist auch das Polysaccharid Inulin, das beim Kochen zu Fruchtzucker abgebaut wird, so dass auch Diabetiker Artischocken problemlos genießen können. Weitere Inhaltsstoffe sind die → Polyphenole Cynarin, und Sesquiterpenlacterone, → Alkaloide, → Flavonoide wie Scolymosid und → Gerbstoffe.

⊡ Auberginen

stammen aus Südfrankreich und Afrika. Wegen ihrer Form nennt man sie auch Eierfrüchte. Auberginen sind ein relativ wasserhaltiges und vitamin- und mineralstoffarmes Gemüse, kalorienarm und für Diabetiker gut geeignet. Durch Einlegen in Salzwasser können die Bitterstoffe weitgehend entfernt werden.

⊡ Blumenkohl

wird in der ganzen Welt angebaut. Er ist das ganze Jahr über erhältlich. Ein evtl. herber Beigeschmack kann verhindert werden, wenn man Blumenkohl in Mineralwasser oder Milch gart. Blumenkohl zählt zu den verträglichsten Kohlsorten, und wird daher gerne in die Diätkost mit eingebunden. Je größer die Köpfe, desto geringer ist der Anteil an Vitaminen, Eiweiß und Mineralstoffen.

⊡ Bohnen

zählen im getrocknetem Zustand zu den Hülsenfrüchten (siehe dort), die frischen Bohnen werden den Gemüsen zugeordnet. Bohnen sind reich an Vitaminen und Mineralstoffen und zählen zu den leicht verdaulichen Gemüsesorten. Bohnen sollten

sofort zubereitet werden, da sie schnell faulen. Sie eignen sich nicht zum rohen Verzehr, da sie einen giftigen Eiweißstoff enthalten, der erst durch Kochen oder durch milchsaure Gärung beim Einsalzen zerstört wird. Heute werden Bohnen meistens aus der Konserve oder als Tiefkühlware verzehrt. Frische Bohnen sind geschmacklich besser, aber leider nur saisonal erhältlich. Ihre Zubereitung ist nicht mehr so arbeitsintensiv wie einst, weil die neueren Züchtungen alle »fadenfrei« sind.

⊡ Brokkoli

ist ein naher Verwandter des Blumenkohls. Verwertet werden die fleischigen Blütendolden. Es gibt Sommer- und Winterbrokkoli. Die Sorten, die im Juni, Juli und Mitte September auf den Markt kommen, sind die schmackhaftesten. Brokkoli lässt sich einige Tage im Kühlschrank lagern. Er ist vitaminreicher als Blumenkohl und enthält viele
→ Phytoöstrogene, die ihn als Präventionsgemüse für den Mann besonders interessant machen. Auch für Kalorienbewusste ist er geeignet: 100 g enthalten nur 33 Kalorien!

⊡ Chicorée

ist ein besonders delikates Wintergemüse (Haupt-erntezeit Dezember bis Februar), das in völliger Dunkelheit aus Wurzeln getrieben wird. In der Regel ist der Chicorée weiß, er kann auch gelbliche oder rote Blattränder aufweisen. Er sollte schnell verbraucht werden, wichtig ist die dunkle

Lagerung. Mit nur 17 kcal pro 100 g ist Chicorée ein sehr wasserreiches Gemüse, stark harntreibend und säurebindend, reich an Inulin und Mineralien wie Kalk und Phosphor. Das Gemüse enthält reichlich Bitterstoffe und hat einen hohen Vitamin C-Gehalt.

⊡ Chinakohl

ist eine strunkfreie Kohlsorte mit locker umeinander geschlossenen Blättern. Chinakohl ist besonders bekömmlich, da er nicht bläht. Chinakohl hat einen sehr milden Geschmack und kann sowohl roh als auch gedünstet genossen werden.

⊡ Chili

ist ein sehr scharfes paprikaähnliches Gemüse, das seinen Einsatz vor allem als Würzmittel oder zur Herstellung des scharfen Cayennepfeffers findet. Die in der Schote enthaltenen Kerne liefern die meiste Schärfe durch → Capsicain (→ Polyphenole). Chili hat den Ruf, schonend auf die Blutgefäße einzuwirken. Gerinnungsstoffe können unter Chilieinfluss besser abgebaut werden, was das Risiko einer Arteriosklerose deutlich senkt. Auf Schleimhäute hat es reizende Wirkungen – Überdosierungen beim Gebrauch als Aphrodisiakum sollten daher vermieden werden.

⊡ Endivie

ist ein Wintersalat, genau genommen eine veredelte Zuchtform der Zichorie. Die im Milchsaft enthaltenen Bitterstoffe sind appetitanregend und harntreibend.

⊡ Erbsen

Die jungen Markerbsen (Zuckerschoten) und die ausgeschälten Zuckererbsen sind sehr schmackhaft. Frische Erbsen sollten sehr schnell verarbeitet werden, da sich bei längerer Lagerung der Zucker in Stärke verwandelt, was den Geschmack beeinträchtigt.

⊞ Gurken

Freilandgurken, die in den Sommermonaten geerntet werden, sind geschmacklich am besten. Man unterscheidet Salatgurken und Einlegegurken. Gurken sind sehr wasserhaltig und kalorienarm, trotzdem jedoch reich an Vitaminen und Mineralstoffen. Weiterhin haben sie eine wassertreibende Wirkung, die für Diabetiker vorteilhaft ist. Gurken enthalten eine die Hautdurchblutung fördernde Substanz, deshalb werden sie auch gerne zur Hautpflege eingesetzt.

⊞ Knoblauch

kann man eher den Gewürzen als den Gemüsen zuordnen. Während in den Mittelmeerregionen seit jeher kräftig mit Knoblauch gewürzt wird, setzen die Nordeuropäer ihn eher sparsam ein. Knoblauch hat eine wohltuende Wirkung auf Magen und Darm. Der typische Knoblauchgeruch wird durch den Mund und die Haut ausgeschieden. Der gleichzeitige Verzehr von Milchprodukten soll hier angeblich Milderung schaffen. Bei regelmäßigem Verzehr wird ihm auch eine prophylaktische Wirkung gegen Herz- und Kreislauferkrankungen zugeschrieben, das vermögen die sekundären Pflanzenstoffe Allicin und Ajoen (→ Sulfide).

⊞ Kopfsalat

Im milchigen Saft des Kopfsalats ist ein dem Opium ähnlicher Wirkstoff enthalten, Kopfsalat soll daher gegen Schlaflosigkeit sein. Die im Kopfsalat enthaltenen Mineralstoffe sind vor allem Kalzium, Phosphor und Eisen und als sekundärer Pflanzenstoff das Lacuterol (→ Polyphenole).
→ Nitrathaltig sind vor allem die äußeren, grünen

Blätter. Daher sollte man diese Blattrippen entfernen.

⊞ Kresse

gehört zu den ältesten Gemüse- und Arzneipflanzen. Die Gartenkresse ist schnellkeimend, im Sommer kann man sie schon nach sechs Tagen ernten. Kresse sollte sofort nach dem Schneiden verzehrt werden. Besonders reich an Eisen, Phosphor und Jod ist Brunnenkresse. Dazu enthält sie große Mengen an A- und C-Vitaminen. Die in der Kresse enthaltenen Bitterstoffe wirken stark appetitanregend und beeinflussen die Verdauung positiv. Kresse enthält ein Senfölglykosid, das die Durchblutung fördert, ausschwemmend und antibakteriell wirkt.

⊞ Kürbis

ist eine altindianische Kulturpflanze, insbesondere ihren Kernen werden aphrodisische Qualitäten zugesprochen.
Kürbisfleisch ist besonders kalorienarm (100 g Fruchtfleisch enthalten nur 22 kcal). Seine intensiv orange Farbe entspricht dem hohen Karotingehalt. Als Arzneipflanze wird Kürbis wegen der harntreibenden Wirkung geschätzt und bei Nieren- und Blasenerkrankungen eingesetzt.
Kürbiskerne enthalten ein grünliches Öl, das in einigen Regionen, z. B. in der Steiermark, gepresst und unter dem Begriff »Kernöl« verkauft wird. Eine Delikatesse! Kürbiskerne können getrocknet

Öl aus erster Pressung enthält einen hohen Anteil der wertvollen → ungesättigten Fettsäuren. Um diese zu schützen, sollte Olivenöl verschlossen und dunkel aufbewahrt werden. Durch den hohen Vitamin E-Gehalt wirkt es antioxidativ, d. h., es kann Herz-Kreislauferkrankungen und vorzeitiger Hautalterung vorbeugen.

▣ Paprika
Die verschiedenen Farben der Paprikaschoten sind auf unterschiedliche Reifegrade zurückzuführen. Grüne Paprikaschoten sind noch unreif und am vitaminärmsten. Die gelbe Paprika hat einen mittleren Reifegrad. Am vitaminreichsten sind die reifen, roten. Paprika wirkt appetitanregend und verdauungsfördernd. Die Bekömmlichkeit der Schoten kann durch das Entfernen der Schale gesteigert werden. Paprika hat einen enorm hohen Vitamin C-Gehalt und liefert → Flavonoide in hoher Konzentration. Dazu kommen Alkaloide bzw. → Polyphenole (Capsicain), die so anregend wirken wie Coffein.

▣ Porree
oder Lauch kann sowohl zum Würzen als auch als Gemüse verwendet werden. Er enthält viele Mineralstoffe wie → Natrium, viel → Kalzium, außerdem → Phosphor und → Eisen, die Vitamine B, C sowie → Sulfide. Lauch hat eine infektionshemmende Wirkung und regt die Leber- und Nierentätigkeit an. Das kalorienarme Gemüse liefert nur 22 kcal in 100 Gramm.

▣ Rucola / Rauke
ist ein einjähriges Kraut mit langen, leicht gezackten Blättern. Im südlichen Europa wird sie seit der römischen Zeit als Salatgemüse und Heilpflanze verwendet. Vor allem die jungen, dicken Blätter, die einen sehr eigenen, bitteren, leicht nussigen Geschmack haben, eignen sich zum Verzehr. Rucola kann kurz gekocht als würziges Gemüse oder roh als schmackhafter Salat verzehrt werden. Als sekundäre Pflanzenstoffe sind → ätherische Öle und Heteroside (→ Polyphenole) zu erwähnen.

geknabbert werden. Der Inhaltsstoff Beta-Sitosterin (→ Sterine) wirkt vorbeugend gegen die gutartige Prostatavergrößerung, wahrscheinlich deshalb sind die Kürbiskernbrötchen beim Bäcker so schnell vergriffen. Außerdem enthalten die Kerne Eiweiß, Spurenelemente und Vitamin E.

▣ Möhren
auch Mohrrüben oder Karotten, sind in Deutschland das meist verzehrte Wurzelgemüse. Die Karottensaison beginnt im Frühjahr. Frühjahrsmöhren zeichnen sich durch einen besonders süßen und saftigen Geschmack aus. Möhren enthalten viel Provitamin A (Karotin), das vor allem in der Rinde, weniger im Herzen der Wurzel zu finden ist. Am besten ist das Karotin aus gegarten Möhren verwertbar. Rohkost sollte fein geraspelt werden, um Karotin verfügbar zu machen. Möhren haben einen hohen Gehalt an → Phytoöstrogenen und → ätherischen Ölen. Darüber hinaus gelten Möhren als gute Diät bei Durchfall.

▣ Oliven
wachsen im Mittelmeerraum. Man unterscheidet die unreif geernteten grünen Oliven und die reifen schwarzen Früchte. Schwarze Oliven sind um ein Drittel fetthaltiger als die grünen. Wegen ihres hohen Fettgehaltes werden Oliven zur Speiseölproduktion genutzt. Anderes als »extra natives« Olivenöl bzw. »Olio extra vergine« sollte aber nicht auf den Tisch kommen. Dieses unraffinierte

delikates Gemüse. Heute ist er bei uns ein sehr beliebtes Frühjahrsgemüse. Einheimischen Spargel erhält man von Mitte Mai bis traditionell zum 24. Juni (Johanni). Spargel wächst unter der Erde in Hügelbeeten. Nur Spargel, der kein Licht bekommen hat, bleibt ganz weiß. Sobald der Spross aus der Erde bricht, verfärbt er sich. Die Sorten mit farbiger Sprossspitze sind noch aromatischer als die ganz weißen Sorten. Spargel ist ein sehr kalorienarmes Gemüse und gut für Diabetiker geeignet. Er hat einen besonders hohen Gehalt an → Phytoöstrogenen, → Glykosiden, → Vitaminen und Mineralstoffen; die Kalziumsalze und Asparaginsäure (→ Flavonoide) wirken harntreibend. Spargel ist ein ideales Entschlackungsgemüse.

⊞ Spinat

Der Volksmund sagt, dass Spinat die halbe Apotheke ersetzt. 10 → Vitamine (unter anderem Vitamin C in einer Konzentration von 40 bis 155 mg pro 100 g) und 13 → Mineralstoffe fördern die Blut- und Blutfarbstoffbildung, besonders durch → Chlorophyll, Eisen, Kupfer und → Kobalt. Hierzulande wird Spinat meistens als Tiefkühlware eingekauft. Die frischen Blätter sind jedoch geschmackvoller. Der zarte Frühspinat kann sogar roh verzehrt werden. Frischer Spinat sollte kurz blanchiert werden, um den Nitratgehalt in den Blättern zu reduzieren, das Wasser wird anschließend weggegossen. Die dicken Blattrippen sollte man ebenfalls nicht mitverzehren.

⊞ Tomaten

Der Samen der Urtomate, die Kolumbus 1498 mit nach Italien brachte, liegt heute im Archiv des Biologischen Instituts von Salerno. 200 Jahre und viele Zuchtversuche dauerte es, bis das Sommergemüse von heute geschaffen war. Einheimische Freilandtomaten sind beim Einkauf vorzuziehen, weil sie am Stock ausreifen und so deutlich mehr Aroma entwickeln. Tomaten sind ein kalorienarmes Gemüse, dessen hoher Präventionswert auf der Vielfalt von Vitaminen (z. B. Vitamine A, B1, B2, C und Folsäure), → Spurenelementen und → Flavonoiden beruht. → Lycopin, → Quercetin, und Chrom, Natrium, Kalium, Kalzium, Phosphor und Eisen sind enthalten. Die biologische Ver-

⊞ Schwarzwurzeln

sind ein Wintergemüse, das man von Oktober bis zum Frühjahr erhält. Die langen dunklen Wurzeln sollten möglichst dick, gerade gewachsen und ohne Seitentriebe sein. Wichtig ist eine unverletzte Schale, damit der milde Saft nicht austreten kann. Schwarzwurzeln werden auch als Spargel des Winters bezeichnet, sie sind jedoch noch nährstoffreicher als herkömmlicher Spargel.

⊞ Sellerie

Man unterscheidet Schnittsellerie, Knollensellerie und Stangensellerie. Schnittsellerie wird zum Würzen verwendet. Der frühe Knollensellerie wird meist als Suppeneinlage verwendet, Freilandsellerie hingegen schmeckt fein geraspelt auch als Rohkost. Stangensellerie, auch Stauden- oder Bleichsellerie genannt, ist milder und zarter als Knollensellerie. Die Blätter enthalten mehr Vitamin C als die Knollen. Generell enthält Sellerie viel → Vitamin E, viel → Phosphor und den Stoffwechsel anregende → ätherische Öle, die vermutlich auch die aphrodisische Wirkung aller Sorten begründen.

⊞ Spargel

galt ursprünglich als Arzneipflanze, weniger als

wertung von Lycopin aus der Tomate wird durch Verarbeitung zu Tomatenprodukten sogar verbessert, so dass Tomatenmark & Co. nicht den schlechten Ruf verdienen, den sie haben.

⊡ Weißkohl
ist ein typisch deutsches Gemüse, obgleich er unverdienter Weise immer mehr an Bedeutung verliert. Weißkohl ist ganzjährig erhältlich. Eingelegt wird er als Sauerkraut angeboten. Weißkohl ist außerordentlich reich an → Vitaminen, besonders A, B1, B2 und C. Er enthält als Besonderheit neben dem freien auch gebundenes Vitamin C, das so genannte Ascorbigen, das beim Kochen erst frei wird. Weißkohl hat einen hohen Eisengehalt, und auch Kalium, Kalzium Phosphor und Natrium sind in größeren Mengen enthalten. Die blähende Wirkung kann man durch Einfrieren vermindern.

⊡ Zucchini
heißt aus dem Italienischen übersetzt »Kleine Kürbisse«. Damit ist schon gesagt, zu welcher Gattung sie gehören, obwohl sie ein gurkenähnliches Gemüse sind. Wie die Gurke, enthalten sie kaum Kalorien (nur 7 kcal auf 100 g!). Die kleinen Früchte lassen sich ganz verarbeiten und roh oder gedünstet verzehren. Große Zucchini sollte man schälen und entkernen und mit aromatischen Kräutern würzen. Zucchini enthalten viel Eisen, Provitamin A und Vitamin C. Sie sind besonders gut bekömmlich und leicht verdaulich.

⊡ Zwiebeln
sind sowohl in ihren Sorten als auch im Geschmack sehr vielfältig. Am gebräuchlichsten sind die scharfen Haushaltszwiebeln. Die dicken Gemüsezwiebeln werden zum Schmoren, zum Füllen oder als Salatgemüse verwendet. Die frischen Frühlingszwiebeln sind zum Würzen gut geeignet. Schalotten haben den feinsten Zwiebelgeschmack.
Zwiebeln enthalten viel Zucker und → ätherische Lauchöle, die den beißenden Geruch verursachen. Neben den Tomaten sind Zwiebeln das meist verzehrte Gemüse in Deutschland. Zwiebeln regen den Appetit an und fördern die Verdauung. Zwiebeln zeichnen sich durch den hohen Anteil an → Sulfiden, → Fluor und → Zink aus.

Gewürze und Kräuter

Bereits vor 5000 Jahren beginnt die Geschichte der Gewürze in der traditionellen Heilkunde des Fernen Ostens und im Ägypten der Pharaonen. Mit dem Import erster Gewürze durch die Römer in den mitteleuropäischen Raum ging die Heiltradition der Gewürze verloren und der kulinarische Wert rückte in den Vordergrund. Mit dem Untergang des römischen Reiches gerieten die Gewürze wieder in Vergessenheit und gewannen erst mit den Kreuzzügen im 11. Jahrhundert wieder an Bedeutung.

Inhaltsstoffe, Präventionswert und Heiltradition
Die Zusammensetzung der einzelnen Gewürze ist sehr unterschiedlich. Als pflanzliche Nahrungsmittel bieten sie eine große Vielfalt an bioaktiven Pflanzenstoffen, über die sich der jeweilige gesundheitliche Nutzen der Gewürze erklären lässt. Das intensive Aroma entsteht durch die Vielfalt an → ätherischen Ölen. Trotz der geringen Dosierung und der damit verbundenen kleinen Verzehrsmengen sind die Gewürze von Bedeutung bei der Versorgung mit bioaktiven Substanzen (→ Pflanzenstoffen).

Sorten: Gewürze und Kräuter

⊡ Anis

In der Weihnachtsbäckerei, für fernöstliche Gerichte und in Desserts findet Anis seinen bevorzugten Einsatz. Er wird auch als Tee zur Linderung von Verdauungsstörungen, Blähungen und Husten eingesetzt.

⊡ Basilikum

schmeckt am besten frisch. Basilikum kauft man als Topfpflanze, gefroren oder getrocknet. Das Kraut passt hervorragend zu Gemüsearten wie Tomaten, Bohnen und zu Geflügel. Basilikum lindert Blähungen und Koliken, wirkt harntreibend und antibakteriell. Inhaltsstoffe sind ätherische Öle, Phenolsäuren (→ Polyphenole), Vitamine A und C.

⊡ Bohnenkraut

zählt zu den wildwachsenden Kräutern, deren Blätter hauptsächlich getrocknet verwendet werden. Frisches Bohnenkraut ist seltener erhältlich. Bohnenkraut hat einen leicht pfeffrigen Geschmack, der gerne als Wurstwürze eingesetzt wird. Weiterhin passt Bohnenkraut zu Bohnen, Tomaten, Gurken, Geflügel und Leber.

⊡ Borretsch

auch als Gurkenkraut bekannt, kommt frisch zum Einsatz. Gurken und Kräutersoßen erhalten durch Borretsch einen besonders interessanten Geschmack. In der Naturheilküche wird das Kraut gegen Depressionen und bei Herzleiden verwendet.

⊡ Cayennepfeffer

ist ein scharfes Gewürz aus pulverisierten Chilischoten. Es würzen sich damit trefflich Fleisch- und Hülsenfruchtgerichte, aber auch frische Erdbeeren. Cayenne sollte erst dem fertigen Gericht zugegeben werden. Chilis zählen zu den aphrodisierenden Gewürzen. Weiterhin wirkt Cayennepfeffer durchblutungsfördernd und schweißtreibend. Inhaltsstoffe sind das Polyphenol und Alkaloid Capsaicin, → Karotinoide, → Saponine, → Flavonoide und ätherische Öle.

⊡ Curry

ist keine Gewürzpflanze, sondern eine indische Mischung aus mindestens 12 verschiedenen Gewürzen, zu denen Senfsaat, Bockshornklee, Cayennepfeffer, Kurkuma, Kardamom, Koriander, Nelken und Zimt gehören. Die in den einzelnen Zutaten vorhandenen ätherischen Öle verleihen dem Pulver Aroma und Wirkung.

⊡ Dill

ist ein heimisches Kraut, das frisch, gefroren und getrocknet erhältlich ist. Dill harmoniert besonders gut mit Fisch, Krustentieren, hellen Soßen und Gurken.

⊡ Estragon

Die Blätter enthalten ätherische Öle, sie kommen frisch oder getrocknet als Gewürz für Salate, Soßen, Geflügelgerichte und Fischgerichte zum Einsatz.

⊡ Gewürznelken

sind die getrockneten Blüten eines Ebenholzgewächses. Gute Nelken gehen im Wasser unter und lassen sich leicht eindrücken. Backwaren, süßsaure Gerichte, Gemüse, Rotkohl, Schweinefleisch und Punsch erhalten durch Nelken eine besonders aromatische Note. Inhaltsstoffe sind zahlreiche ätherische Öle, → Flavonoide und → Sterine.

⊡ Ingwer

erhält man als frische Knolle, getrocknet, gemahlen oder kandiert als Konfekt. Das eigenartige, würzigscharfe Aroma harmoniert gut mit süßsauren Gerichten, Süßspeisen, Gebäck und Reisgerichten. Ingwer ist nicht nur eine Delikatesse, sondern offensichtlich auch ein wahrer Alleskönner als Heilmittel. Er ist der Hälfte aller chinesischen Heilmittel beigesetzt. Ihm werden aphrodisische Wirkungen nachgesagt (wobei eine Menge von 5g täglich nicht überschritten werden sollte), wirkt allgemein stimulierend, senkt den → Cholesterinspiegel und hilft bei Übelkeit und Verdauungsbeschwerden. Inhaltsstoffe sind ätherische Öle wie Gingerole.

⊡ Kapern

Die Blütenknospen des Kapernstrauches erhält man als salzig oder sauer eingelegtes Gewürz. Kleine Kapern sind aromatischer als große. Kapern geben Fleisch, Geflügel, Lachs, Eiern und hellen

Soßen eine besonders pikante Note. Kapern haben neben der starken aromatischen Komponente auch eine appetitanregende Wirkung.

▶ Kardamom

kommt als ganze Kapseln und als gemahlene Samen auf den Markt. Zum Würzen reichen bereits kleine Mengen. Kardamom wird gerne in der Weihnachtsbäckerei eingesetzt, es harmoniert aber auch mit Reis oder Lamm. Kardamom wirkt appetitanregend, verdauungsfördernd und gegen Blähungen, darüber hinaus ist er ein uraltes Aphrodisiakum mit vielen ätherischen Ölen.

▶ Koriander

In der Küche Verwendung findet frisches Koriandergrün, mehr noch die gemahlenen Früchte. Koriander ist ein Gewürz, das hauptsächlich zum Beizen und für die Geschmacksgebung bei der Wurstherstellung eingesetzt wird. Für die Zubereitung fernöstlicher Gerichte, Fischgerichte und Hülsenfrüchte sollte Koriander mitgegart werden. Koriander als Heilmittel vermindert Koliken und Krämpfe. Inhaltsstoffe sind ätherische Öle und → Flavonoide wie Quercetin, Kämpferol und Apigenin, sowie Cumarine (→ Pflanzenstoffe) und Phenolsäuren (→ Polyphenole).

▶ Kerbel

zählt zu den einheimischen Kräutern und der Pflanzenfamilie der Petersilie. Er hat einen süßlich-aromatischen Geschmack. Kerbel sollte nicht mitgegart werden, außer bei der Zubereitung von Kerbelsuppe. Kerbel gibt Quark-Dipps, Eiern, Salaten und feinem Gemüse ein interessantes Aroma.

▶ Lorbeer

Das Lorbeerblatt ist ein Muss bei der Bereitung von Beizen und Marinaden und zum Einlegen von Gemüse. Lorbeer stärkt die Abwehrkräfte des Körpers, er wird eingesetzt gegen Durchblutungsstörungen, Rheuma und Husten. Inhaltsstoffe sind ätherische Öle, Bitterstoffe, → Stärke und Zucker.

▶ Majoran

Frischer Majoran hat das beste Aroma vor der Blütezeit und sollte nicht mitgegart werden. Getrockneter Majoran entfaltet sein Aroma erst beim Garen. Wegen seines intensiven Aromas sollte Majoran zum Würzen von Fleisch, Gemüsegerichten und Kartoffeln sparsam verwendet werden. Inhaltsstoffe sind ätherische Öle, Flavonoide, Phenolsäuren, Rosmarinsäure, Kaffeesäure (→ Polyphenole) und Vitamin A.

▶ Minze

Eigentlich Pfefferminze, nachdem der britische Botaniker Ray eine solche »pfeffrig schmeckende« Minze beschrieben hatte. In Deutschland ist Minze neben der Kamille das meistverwendete Heilmittel und wird in Franken, der Pfalz und Oberbayern angebaut. Frische und getrocknete Blatter finden u. a. als Tee Verwendung. Minze wirkt krampflösend auf die glatte Muskulatur im Magen-Darm-Bereich, steigert die Gallensekretion und hilft gegen Blähungen, Übelkeit und Erbrechen. Inhaltsstoffe sind ätherische Öle wie Menthol, das Flavonoid Rutosid und Rosmarinsäure. Personen mit empfindlichem Magen oder Magengeschwüren sollten Minze nur sparsam verwenden.

▶ Muskat

ist als Nuss oder gemahlen erhältlich. Die dunklen Nüsse sind naturbelassen, die weißen werden vor der Vermarktung gekalkt. Gemüse, Kartoffelgerichte und Pasteten dürfen mit Muskat abgeschmeckt werden. Sowohl in Asien als auch in Europa wird die Muskatnuss als Aphrodisiakum benutzt.

▶ Oregano

auch als wilder Majoran bekannt, hat einen etwas schärferen Geschmack und eignet sich gut zur Geschmacksgebung von leicht scharfen Gerichten. Ihm werden beruhigende und krampflösende Wirkungen zugeschrieben. Es wirkt magenstärkend und generell aufbauend. Inhaltsstoffe sind ätherische Öle wie Thymol, → Gerb- und Bitterstoffe.

▶ Petersilie

Es gibt Petersilie mit glatten und krausen Blättern, wobei die glatte Petersilie das stärkere

153

Aroma hat. Petersilie ist frisch, getrocknet oder gefroren erhältlich und ist nahezu universell einsetzbar. Das in relativ hoher Konzentration enthaltene Apiol wirkt stimulierend auf die Harnorgane und den Uterus; Schwangere sollten wegen der Gefahr eines Aborts Petersilie nur in geringer Menge verzehren. Inhaltsstoffe sind ätherische Öle, Cumarine, → Flavonoide, → Glykoside und die Vitamine A und C.

⊞ Pfeffer

Pfeffer ist das wohl bekannteste Gewürz. Die Volksweisheit, dass er dem Mann aufs Pferd helfe, mag als ein Hinweis auf eine aphrodisierende Wirkung verstanden werden. Pfeffer ist in drei Varianten erhältlich. Schwarzer Pfeffer wird aus unreifen Beeren gewonnen und ist besonders scharf. Die reifen, geschälten Beeren werden zu etwas milderem, weißen Pfeffer vermahlen. Die ganzen grünen Pfefferkörner werden unreif geerntet und eingelegt, sie sind weniger scharf, aber besonders aromatisch. Pfeffer soll Arteriosklerose vorbeugen und damit das Herzinfarktrisiko senken. Pfeffer enthält ätherische Öle und das schleimhautreizende → Alkaloid Piperin.

⊞ Rosmarin

ist ein immergrüner Halbstrauch. Die jungen Triebspitzen und Nadeln eignen sich zum Trocknen. Lammgerichte, Geflügel und Kartoffelgerichte schmecken mit Rosmarin besonders delikat. Inhaltsstoffe sind ätherische Öle, → Flavonoide sowie Rosmarinsäure (→ Polyphenole), → Gerbstoffe und → Harz.

⊞ Safran

Für das teuerste Gewürz werden die Blütengriffel eines Krokusgewächses in der Sonne getrocknet. Safran wird gerne zur gelben Farbgebung von Speisen wie Reis, Geflügel und Soßen eingesetzt. Das Gewürz sollte vor der Verwendung in etwas Flüssigkeit aufgelöst werden. Safran soll den Geschlechtstrieb der (jungen?) Männer stärken. Die Griechen vertraten die Ansicht, dass er auch die Lust der Frauen animiere.

⊞ Salbei

hat einen leicht bitteren Geschmack, der gut mit Fleisch, Geflügel, Eiern und Salaten harmoniert. Salbei lässt sich gut trocknen und ist auch als Tee zu genießen. Salbei wirkt adstringierend, antiseptisch, fördert die Wundheilung, wirkt schweiß- und speichelverringernd. Außerdem findet er in der Behandlung von Entzündungen im Mund- und Rachenbereich Einsatz. Inhaltsstoffe sind ätherische Öle, → Flavonoide, Phenolsäuren (→ Polyphenole) wie Rosmarinsäure und Kaffeesäure sowie Phytoöstrogene und → Gerbstoffe.

⊞ Schnittlauch

In kleine Röllchen geschnitten verfeinert Schnittlauch Quarkgerichte, Salate, Eier, Gemüse und Kartoffeln. Schnittlauch eignet sich nicht zum Kochen und sollte möglichst nicht gehackt, sondern geschnitten werden. Schnittlauch gehört zu den größten Vitamin C-Spendern (30 bis 80 mg auf 100 g).

⊞ Thymian

In der Küche kommen meistens die getrockneten Blätter zum Einsatz. Thymian sollte immer mitgekocht werden, was sich vor allem bei Eintöpfen und kräftigen Gemüsegerichten anbietet. Das enthaltene ätherische Öl Thymol gehört zu den wirk-

Desserts, Reis, Geflügel und Wild erhalten durch Zimt eine besonders aromatische Note. Inhaltsstoffe sind ätherische Öle, Zimtalkohol, → Gerbstoffe, Cumarine und verschiedene Säuren (→ Polyphenole).

▣ Zitronenmelisse

ist frisch oder gefroren erhältlich und eignet sich zum Würzen von Salaten, Saucen, Fisch- und Fleischgerichten und für Desserts. Auch als Garnitur wird Zitronenmelisse gerne verwendet. Inhaltsstoffe sind ätherisches Öl, → Flavonoide und → Polyphenole wie Kaffee- und Rosmarinsäure. In einem frühen Pflanzenbuch heißt es, Zitronenmelisse würde »die Jugend verlängern, das Gehirn stärken, ermüdende Kräfte beleben und Kahlheit vorbeugen.«

Obst

Es ist das Symbol der Versuchung, bereits der erste Mann wurde angesichts eines Apfels schwach. Hätte Adam sich auch von einem Steak verführen lassen? Nun, unsere Vertreibung aus dem Paradies lässt sich ja leider nicht rückgängig machen, aber wenigstens konnten wir das Obst mitnehmen...

In der Geschichte war Obst weniger ein Nahrungsmittel, sondern hauptsächlich ein Dekorationsmaterial für die Tische der Reichen. Das hat sich bis heute grundlegend verändert. Obst ist ein wichtiger Bestandteil der Ernährung geworden und das ganze Jahr über erhältlich. Die Sortenvielfalt reicht dabei von Beerenobst über Kernobst, Steinobst bis hin zu den Zitrusfrüchten.

Inhaltsstoffe und Präventionswert

Neben Gemüse ist Obst eine weitere Gruppe von Nahrungsmitteln mit einem hohen Präventionswert. Kaum eine Obstart, die nicht reichlich wertvolle Vitalstoffe liefert – je farbiger die Frucht, umso höher ist ihr Anteil an sekundären → Pflanzenstoffen. Und diese beeinflussen die Gesundheit des Mannes nur positiv. So verhindern → Phytoöstrogene z. B. die Entstehung und das Fortschreiten der gutartigen Prostatavergrößerung

samsten natürlichen Antiseptika, es begründet die medizinische Wirkung bei Mund- und Racheninfektionen und bei der Wundheilung. Weitere Inhaltsstoffe sind Flavonoide und → Gerbstoffe.

▣ Vanille
Eine aromatische Vanilleschote gibt vielen Süßspeisen das gewisse Etwas, kein Vergleich mit Vanillezucker. Entweder wird die ganze Schote mitgekocht (und danach entfernt), oder man kratzt sie aus und verwendet direkt das Mark. Vanille wird vor allem zum Würzen von Süßspeisen und Backwaren verwendet.

▣ Wacholder
Wacholderbeeren werden ganz oder zerdrückt in herzhaften Gerichten wie Wild oder Sauerkraut mitgegart. Wegen ihres starken Aromas sollten sie sparsam eingesetzt werden. Wacholder werden entzündungshemmende Wirkungen zugeschrieben. Inhaltsstoffe sind ätherische Öle, → Gerbstoffe, Bitterstoffe (→ Pflanzenstoffe) und → Flavonoide.

▣ Zimt
Die gerollte Rinde des Zimtbaumes ist in Stangen oder gemahlen erhältlich. Das beste Aroma hat der Ceylonzimt. Ganze Zimtstangen können mitgekocht werden. Milchspeisen, Backwaren,

und von Prostatakrebs. Obst ist einer der wichtigsten Vitaminlieferanten. → Vitamine, aber auch andere Substanzen wie → Lycopin und Selen, sind starke → Antioxidantien. Sie verhindern Alterungsvorgänge und Veränderungen an der Erbsubstanz, indem sie aggressive Substanzen (freie Radikale) zu neutralisieren vermögen.

Es lohnt sich, Obst saisontypisch einzukaufen (das gilt auch für Früchte aus fremden Regionen), wenn man das Aroma und den höchsten Vitalstoffgehalt genießen möchte. Der Trend im heimischen Obstanbau geht wieder hin zu den traditionellen Obstgärten. Je länger und natürlicher Früchte an der Pflanze reifen konnten, desto besser sind sie im Geschmack. Wenn man sich mit kleinen Schönheitsfehlern im Anblick des Obstes arrangieren kann, sollte man sein Obst direkt beim Erzeuger kaufen. Guter Geschmack und ein Minimum von Spritzmitteln sind hier ziemlich sicher. Sinnvolle Alternative zur kurzen Saison vieler Früchte (vor allem der besonders vitalstoffreichen Beerenfrüchte) ist das Tiefkühlobst.

Sorten

▣ Ananas

wird als die Königin der Südfrüchte bezeichnet. Sie reift in Treibhäusern oder im Freiland. Ihr volles Aroma entfaltet sie aber nur als Frischfrucht. Die handelsüblichen Konservenfrüchte behalten davon lediglich ihre starke Süße. Ananas haben eine sehr lange Reifungsdauer. Die bei uns erhältlichen Früchte werden im unreifen Zustand geerntet und reifen später nach. Ananas enthält das Ferment Bromelain (→ Enzyme), welches die Eiweißverdauung fördert. Es kommt jedoch nur in frischen Früchten vor. Auf Reduktionskuren hat die Ananas keinen nachweisbar positiven Einfluss.

▣ Äpfel

sind das weitbreitetste einheimische Obst. Apfelbäume sind spalterbig, das heißt, dass sich die Samen bei der Aussaat in ihren Eigenschaften aufspalten, daher die Vielfalt an Sorten. Äpfel lassen sich nach ihrem Reifezeitpunkt in Sommer-, Herbst- und Wintersorten unterteilen. Die frühen Sorten haben ein besonders gutes Aroma und sollten möglichst frisch verzehrt werden, da sie nicht lange haltbar sind. Die Winteräpfel hingegen entfalten ihr Aroma erst einige Wochen nach der Ernte und sind so als Lagerobst zu empfehlen. Der Vitamingehalt von Äpfeln schwankt stark. Er ist nicht nur sortenabhängig, sondern auch klima- und standortbedingt. Zu den vitaminreichen Sorten zählen zum Beispiel Boskop, Berlepsch und Idared. Vitaminarme Sorten sind hingegen Granny-Smith, Gloster und Jonathan.

▣ Apfelsinen

oder Orangen zählen zu den Zitrus- oder Südfrüchten. Wobei der Süden heute kurz hinter dem Brenner beginnt und am Kap der Guten Hoffnung endet. Winterfrüchte kommen von November bis Mitte Mai auf den Markt. Sommerorangen werden selten angeboten. Die südamerikanischen und südafrikanischen Früchte werden überwiegend zur Saftherstellung verwendet. Auch Apfelsinen weisen eine breite Sortenvielfalt auf. Die handelsüblichen Orangensorten unterscheiden sich in der Schalendicke, der Saftigkeit, dem Schälverhalten und dem Aroma. Zu den Apfelsinen zählen auch die kleineren Mandarinen oder Clementinen, die wegen ihres leichteren Schälverhaltens den größeren Verwandten mittlerweile den Rang streitig machen. Apfelsinen stellen insbesondere in den Wintermonaten eine wichtige Vitamin C-Quelle dar. 100 g Frucht enthalten 50 mg Vitamin C, außerdem Zucker und Zitronensäure.

▣ Aprikosen

reifen in den wärmeren Regionen Deutschlands

und im Mittelmeerraum. Zum optimalen Wachstum ist das so genannte »Weinklima« ideal. Die bei uns erhältlichen Früchte kommen meistens aus dem Mittelmeerraum. Die wasserreichen Früchte weisen wenig Aroma auf, haben aber einen hohen Gehalt an → Kalium und besonders viel → Karotin.

▣ Bananen
gehören zu den beliebtesten Obstsorten im deutschsprachigen Raum, nur übertroffen von Äpfeln. Nach den neuen EU-Marktrichtlinien werden Bananen künftig vor allem aus Spanien und aus Entwicklungsländern importiert. Das Obst wird nicht nach Sorten, sondern nach dem Markennamen verkauft. Neben der handelsüblichen Banane gibt es noch Kochbananen, rote Bananen und Baby-Bananen. Bananen werden unreif geerntet und reifen beim Transport und bei der Lagerung nach. Braune Flecken auf der Schale sind ein Zeichen der Reife. Bananen sind reich an → Kalium und besonders leicht verdaulich. Auf Grund ihres hohen → Ballaststoffgehaltes und niedrigen Kochsalzgehalt sind sie auch für Schonkost geeignet.

▣ Birnen
sind eine einheimische Obstsorte, die im Spätsommer reif wird. Viele Birnensorten werden aus Frankreich importiert; man erhält sie bereits ab Juli auf dem Markt. Auf Grund ihres hohen Saft-

gehaltes sind Birnen schlecht lagerfähig. Als Konservenobst eignen sie sich gut, da sie auch bei der Konservierung ihr Aroma behalten. Birnen enthalten wenig Fruchtsäure, viel Süße und einen hohen Gehalt an → Kalium.

▣ Brombeeren
sind eine Sommerfrucht, die man in Wildsorten und Kultursorten unterteilen kann. Die Wildfrüchte kann man in den heimischen Wäldern und in Osteuropa sammeln. Die Wildsorten sind kleiner und aromatischer als die Kultursorten. Brombeersaft wirkt wohltuend bei Fieber und Erkältungen, außerdem gegen zuviel Magensäure und Sodbrennen. Brombeeren sind unter den Beerenfrüchten der größte → Karotin-Lieferant.

▣ Erdbeeren
Hätten Sie gedacht, dass Erdbeeren zum richtigen Obstadel gehören? Die römischen Dichter Ovid und Vergil haben sie schon besungen, der Botaniker Plinius hat sie beschrieben. Aus den damaligen Walderdbeeren machten Züchter im Laufe der Jahrhunderte die Gartenerdbeeren, unser frisches Sommerobst. Die einheimischen Sorten kommen in den Monaten Juni und Juli auf den Markt. Der Trend geht zu einer ganzjährigen Versorgung durch Importe aus den Mittelmeerländern. Das beste Aroma und die meiste Süße haben die an der Pflanze gereiften Früchte. Erdbeeren enthalten viel Fruchtsäure, sind reich an Vitaminen und Mineralstoffen (vor allem Eisen), sie enthalten aber auch Allergene.

▣ Grapefruits
zählen zu den Zitrusfrüchten und kommen hauptsächlich im Winterhalbjahr auf den Markt. Bei uns waren sie bis vor 60 Jahren noch unbekannt. Grapefruits sind eine Kreuzung zwischen Apfelsinen und Pampelmusen. Sie reifen in den Anbaugebieten der Zitrusfrüchte. Der größte Teil der Weltproduktion stammt aus den Vereinigten Staaten. Die verschiedenen Sorten unterscheiden sich in Aroma, Farbe und Schalendicke. Grapefruits enthalten viel Vitamin C. Ihnen wird eine appetitanregende und verdauungsfördernde Wirkung zugesprochen.

⏩ Heidelbeeren

oder Blaubeeren wachsen vor allem in Nadel-
wäldern und Heidelandschaften. Die Kulturheidel-
beere verdrängt die Wildsorten jedoch immer
mehr vom Markt. Sie sind größer, aber weniger far-
bintensiv. Getrocknete Früchte werden in der
Hausapotheke gegen Durchfall eingesetzt. Heidel-
beeren sind reich an Fruchtsäuren, Mineralstoffen
und Vitaminen, besonders A, B und C.

⏩ Himbeeren

Der Himbeerstrauch zählt zu den Rosengewächsen.
Erntezeit der Früchte ist Juni bis September. In
Osteuropa wachsen die schmackhaften kleinen
Waldhimbeeren, die dort gewerblich gesammelt
werden. Himbeeren enthalten ätherische Öle,
außerdem sind sie reich an Zucker, Zitronensäure
und → Pektin. Sie liefern viele Mineralsalze wie
Kalium, Kalzium und Phosphor und zählen auch
zu den vitaminreichen Obstsorten.

⏩ Johannisbeeren

zählen zu den Beerenfrüchten, sie werden im
Sommer reif. Man unterscheidet rote, weiße und
schwarze Johannisbeeren. Die schwarzen Johannisbeeren werden auf Grund ihrer Herbheit meist
weiterverarbeitet (z. B. für Cassislikör) und weniger
zum Frischverzehr angeboten. Rote und weiße
Sorten eignen sich hingegen vorzüglich zum frischen Genuss. Schwarze Johannisbeeren haben

den höchsten Vitamin C-Gehalt aller Beerenobst-
sorten. Alle Johannisbeeren sind weiterhin reich an
Vitaminen A, → Flavonoiden, Fruchtsäuren, → Pek-
tinen und → Ballaststoffen, was ihre verdauungsfördernde Wirkung erklärt.

⏩ Kirschen

Die Kirsche, ursprünglich am Schwarzen Meer heimisch, reift heute in ganz Europa. Die verschiedenen Sorten unterscheiden sich in Form, Farbe,
Geschmack und Reifezeit. Süßkirschen sind als
erstes reif. Besonders aromatisch sind die dunkel-
roten, dicken Herzkirschen. Die Sauerkirschen sind
dunkelrot, haben ein weiches Fleisch und einen
kräftig färbenden Saft. Sie werden meist weiterverarbeitet. Kirschkerne enthalten die giftige
Blausäure und sollten nicht mitverzehrt (zerkaut!)
werden. Kirschen enthalten viele Vitamine der B-
Gruppe und reichlich Vitamin C.

⏩ Kiwis

China ist die Urheimat der Kiwi. Heute wird sie, je
nach Jahreszeit, aus Neuseeland oder Italien
importiert. Kiwis haben eine feste, filzig-braungrü-
ne Haut und grünes Fruchtfleisch mit kleinen,
schwarzen Kernen. Die Früchte werden unreif
angeboten, man lässt sie bei Raumtemperatur
nachreifen, bis sich die Haut eindrücken lässt –
idealerweise zusammen mit Äpfeln in einer Plas-
tiktüte. Zusammen mit Milchprodukten schmecken
Kiwis bitter – also kein Kiwieis, -quark oder -shake
ausprobieren! Kiwis sind besonders reich an
Vitamin C (doppelt soviel wie in Apfelsinen!),
Vitamin E, Eisen und Kalium.

⏩ Mangos

Man nennt die Mango die Königin der Früchte. Es
gibt grüngelbe, orange und rötliche Mangos, wobei
die grünlichen Früchte das süßere Aroma haben.
Die Südfrucht wird unreif geerntet, damit das
Fruchtfleisch um den Kern herum nicht geliert.
Mangos reifen bei Zimmertemperatur solange
nach, bis sie einen angenehmen Duft verströmen.
Vor dem Verzehr sollten Mangos kurz in den Kühlschrank gelegt werden, damit der leicht terpentin-
artige Geschmack verschwindet. Mangos können
roh verzehrt werden, sie passen aber auch hervorragend zu asiatischen Gerichten oder schmecken

ausgezeichnet als Dessert. Mangos sind die Früchte mit dem höchsten → Karotin-Gehalt.

▣ Melonen

sind in Zucker- und Wassermelonen unterteilbar. Zuckermelonen sind auch unter dem Namen Honigmelonen bekannt. Es werden verschiedene Sorten angeboten. Dazu gehören die Netzmelone, die Cantaloup-Melone und die Charentais-Melone. Fruchtfleischfarbe, Schalenfarbe und Geschmack sind sortenabhängig. Wassermelonen haben einen hohen Wasser- und Zuckergehalt und sind als Durstlöscher im Sommer beliebt. Sie enthalten jedoch Bitterstoffe, die zu Durchfall führen können. Deshalb nur in Maßen verzehren!

▣ Pfirsiche

Malum persicum, persischer Apfel, wurden Pfirsiche noch im Mittelalter genannt. Heute heißt er botanisch Prunus persica, persische Pflaume, womit auf seine Heimat hingewiesen wird (obgleich etliche Botaniker diese in China vermuten). Sie reifen auch in Mitteleuropa, werden jedoch überwiegend aus Südeuropa importiert. Die druckempfindlichen Früchte werden unreif geerntet und reifen bis zum Verkauf nach. Pfirsiche halten sich nicht lange und sollten deshalb möglichst rasch verzehrt werden. Sie haben einen hohen Gehalt an Vitamin A, Kalzium und Eisen, liefern aber nur wenig Ballaststoffe.

▣ Pflaumen

Ihre Urheimat dürfte im westlichen Asien zu suchen sein. Heute gibt es fast 2000 Arten. Pflaumen sind verwandt mit Mirabellen, Zwetschgen und Renekloden. Zwetschgen und Pflaumen haben einen weißlichen Film auf der Schale, welche die Frucht vor dem Austrocknen schützt. Zwetschgen enthalten weniger Wasser und mehr Zucker als Pflaumen. Das Fruchtfleisch löst sich besser vom Stein. Renekloden entwickeln ihr Aroma am besten beim Einkochen und eignen sich so hervorragend für Kompotte. Pflaumen entwickeln ihr süßes Aroma nur im voll ausgereiften Zustand. Deshalb sollte man heimische, sonnengereifte Früchte vorziehen. Pflaumen haben einen hohen → Ballaststoffgehalt und regen somit die Verdauung an.

▣ Stachelbeeren

sind eine heimische Strauchfrucht. Man unterscheidet grüne, hellbraune und rote Stachelbeersorten. Sie meinen, Stachelbeeren seien sauer? Weit gefehlt, das kommt Ihnen nur so vor. Stachelbeeren haben mit den höchsten Zuckergehalt aller Beeren: 8 Prozent! Zum frischen Verzehr sind vor allem die roten Sorten geeignet. Die grünen Sorten verwendet man im unreifen Zustand für die Herstellung von Kompott und Marmeladen.

▣ Weintrauben

sind heute auf den internationalen Obstmärkten die wichtigste Obstsorte und Deutschland ist der größte Einkäufer. Man unterscheidet weiße und rote Trauben. Trauben müssen am Stock ausreifen, da sie nicht nachreifen. Hauptsaison für europäische Früchte ist der Herbst. Die ganzjährigen Sorten werden aus Südafrika, Chile, Argentinien oder als Glashausfrüchte aus Belgien und den Niederlanden importiert. Weintrauben haben einen weißlichen Belag, Nebeltau genannt. Er entsteht durch Kondensniederschlag und ist kein Qualitätsmangel. Weintrauben enthalten reichlich Vitamin C, Vitamin D sowie Eisen, Kalium, Phosphor und Traubenzucker. Außerdem das krebsprotektive → Polyphenol Resveratrol.

▣ Zitronen

Die Urmutter aller Zitronen ist die dickschalige Zedat-Zitrone (heute noch Lieferantin des Zitronats). Von ihr stammen unsere Saftzitronen (Citrus limon) ab. Heute sind Zitronen ganzjährig im Handel. Sie werden unreif geerntet und reifen in Lagern oder zu Hause nach. Gespritzte Früchte muss man unbedingt abbürsten, die Schale enthält das giftige Thiabendazol. Zitronen sind reich an Zitronensäuren und an Vitamin C. Schon in alten Zeiten schätzte man die Heilwirkung der Frucht, denn 100 g Zitronen enthalten 34 mg des Infekt-Abwehr-Vitamins. Zitronensaft ist appetitanregend.

Tierische Lebensmittel

Fische und anderes Meeresgetier

Der Fisch spielt in vielen Religionen und Kulturen eine besondere Rolle, nicht nur als frühes Zeichen des Christentums. Im Tantrismus wird vor bestimmten Sakramenten eine rituelle Fischmahlzeit eingenommen. Auch in anderen Kulturen werden dem Fisch mystische Kräfte zugesprochen. Fische wie Aal, Flussbarbe und Karpfen werden in der chinesischen Medizin zu Aphrodisiaka verarbeitet. Also offensichtlich ein interessanter Bestandteil unserer Ernährung. Wegen des Transportproblems war Seefisch früher nur den Menschen der Küstenregionen zugänglich. Im Binnenland war man auf Süßwasserfische angewiesen. Davon gab es zwar reichlich, doch für einfache Leute war es äußerst schwierig, an diese Art von Nahrung zu gelangen. Die Gutsherren hielten ein wachsames Auge auf ihre Flüsse und Teiche. So blieb für die einfachen Leute nur eingesalzener »Stockfisch«, er war lange haltbar. Inzwischen ist Fisch fast immer und überall verfügbar. Seinen Siegeszug hat er dem Geschmack, dem Nährwert und der Zartheit zu verdanken. Letztere beruht auf der typischen Muskelbeschaffenheit der Fische. Die quergestreiften Muskelfasern ähneln denen der Säugetiere, stehen beim Fisch aber senkrecht zur Oberfläche. Sie sind also nur so lang, wie das Filet breit ist. Außerdem hat Fischfleisch kein Bindegewebe. Die Einteilung der Arten erfolgt entweder nach dem Gewässer (Süß- oder Salzwasserfisch) oder nach dem Fettgehalt: Fettfische haben mindestens 8 Prozent Fettgehalt, Magerfische weniger.

Inhaltstoffe und Präventionswert

Die Inhaltstoffe der einzelnen Fischarten differieren erheblich. Dementsprechend kann die folgende Zusammenstellung nur einen allgemeinen Überblick über die Inhaltstoffe geben:
Kohlenhydrate finden sich nur in Spuren.

Fett: Das Fett ist bei den Fettfischen gleichmäßig in der Muskulatur verteilt, bei den Magerfischen hingegen zentriert sich das Fett in den Innereien, dem Flossenansatz und im Bauchlappen. Neben der allgemeinen Unterteilung der Fische in Fettfische und Magerfische gibt es weitere Unterschiede zwischen den Salzwasserfischen und ihren Süßwasserkollegen. Salzwasserfische weisen einen hohen Anteil hoch ungesättigter Fettsäuren auf, so finden sich die wertvollen
→ Omega-3-Fettsäuren ausschließlich in Salzwasserfischen. Omega-3-Fettsäuren wirken besonderes positiv auf die Blutfette. Süßwasserfische haben in der Regel den höheren Anteil an Gesamtfett, wobei sie hauptsächlich einfach
→ ungesättigte Fettsäuren liefern.

Proteine: Fische gelten als ein besonders hochwertiger Proteinlieferant. Das Fleisch besteht zum größten Teil aus leicht verdaulichen Proteinen.

→ **Eisen** gehört zu den wichtigen Spurenelementen, die mit Fisch aufgenommen werden. Fast alle Fischsorten liefern über ein Milligramm des blutbildenden Spurenelements pro 100 Gramm. Besonders eisenhaltig sind Sardellen, Sardinen, Sprotten, Zander und Hering.

→ **Jod** ist ein Spurenelement, das von Mitteleuropäern in viel zu geringer Menge aufgenommen wird. Auffällig ist dabei das Nord-Süd-Gefälle, die küstenfernen Regionen leiden besonders unter der Jodunterversorgung. Ein bis zwei Mal Fisch pro Woche kann dieses Problem beheben.

→ **Kalium** ist ein zur Regulation des Wasserhaushaltes wichtiger Mineralstoff. Viele Fischsorten liefern auf 100 g Fischfleisch bis zu 250 mg davon. Besonders hochwertige Kaliumlieferanten sind Forellen, Heilbutt, Makrelen und Seelachs.

→ **Vitamin A** findet sich nicht in allen Fischsorten in nennenswerter Menge. Spitzenreiter unter den Lieferanten ist Aal, wobei dieser auf Grund des hohen Cholesteringehaltes nicht allzu häufig auf dem Speiseplan stehen sollte. Besser sind Makrele und Thunfisch.

fische

→ **Niacin** ist ein wichtiges Vitamin der Vitamin B-Gruppe. Dieses wertvolle Nervenvitamin finden wir vor allem in Heilbutt, Lachs, Makrele, Sardinen, Schwertfisch und Thunfisch.

Fischarten

Wegen der Vielzahl der Fischarten können hier nur diejenigen näher vorgestellt werden, die auch im Rezeptteil erwähnt sind:

⊡ Anchovis

sind ganze, meist ausgenommene Sprotten. Anchovis werden oft fälschlich als Sardellen ausgegeben. Anchovis werden gleich nach dem Fang in Salzlake oder würzig pikant eingelegt.

⊡ Dorade

wird auch als Goldbrasse oder Graubarsch bezeichnet. Sie hat ein festes, besonders mageres und schmackhaftes Fleisch. Die Filets der Dorade sind besonders schmackhaft. Doraden eignen sich für alle Garmethoden.

⊡ Dorsch s. Kabeljau.

⊡ Forellen

kommen in der Regel aus heimischer Süßwasserzucht. Sie sind äußerst robust, die Güte ihres Fleisches ist aber vom Futter und von der Wasserqualität abhängig. Man unterscheidet die Regenbogenforelle von der See- oder Lachsforelle, die wesentlich größer wird. Forellen werden gebraten, pochiert, gekocht und geräuchert. Wilde Bachforellen und kleine Tiere schmecken am besten.

⊡ Garnelen

sind kleine Meereskrabben mit einem langen Schwanz. Zur Familie der Garnelen zählen:
- Langostinos (chilenisches Krebsfleisch)
- Tiefseegarnelen (auch Norweger-Garnelen, Shrimps oder Coronas)
- Riesengarnelen (heißen auch King-Prawns, Gambas oder Shrimps)
Garnelen eignen sich zum Grillen, Schmoren und als Geschmacksgeber für zahlreiche Fischgerichte. Garnelen werden meist in Dosen oder tiefgefroren

angeboten. Sie haben ein wohlschmeckendes, aber leicht verderbliches Fleisch.

⊡ Hering

stand früher meist als Salzhering auf dem Speisezettel der armen Leute – dem setzte Kanzler Bismarck ein Ende. Er bevorzugte den Fisch sauer eingelegt und steht seither Pate für den Bismarckhering.
Der Hering ist ein eher fetter Fisch mit hohem Nährstoffgehalt. Er kann gegrillt, geräuchert, mariniert oder gebraten werden. Hering ist in verschiedenen Variationen erhältlich:
- Matjes (junger, fettreicher Hering, der vor dem Laichen gefangen wird)
- Bückling (Schottischer Hering)
- Kronsardinen (kleine Heringe aus dem Skagerrak).

⊡ Kabeljau

ist ein sehr fettarmer Fisch. Er wird als Jungfisch auch Dorsch genannt. Kabeljau ist vielseitig verwendbar: Die von Kindern so geliebten Fischstäbchen werden aus Kabeljau hergestellt. In vielen Ländern wird er getrocknet als Stockfisch und gesalzen als Klippfisch genossen. Kabeljau eignet sich auch zum Braten (als Steak). Das Fleisch ist fest und weiß.

⊡ Kalmar s. Tintenfisch

⊡ Krabben

werden in den Sommermonaten aus der Nordsee gefischt, sie heißen deshalb auch Nordseekrabben. Die Tiere werden an Bord des Kutters gekocht und können danach sofort verzehrt werden. Krabbenfleisch wird frisch, gefroren oder in Dosen angeboten und in der Regel nicht weiter gegart. Krabbenfleisch von Tieren bis max. 6 cm Länge ist am wohlschmeckendsten.

⊡ Lachs

heute einer der beliebtesten Fische, kommt aus Norwegen, Irland und Schottland, man erkennt ihn an seiner hellen rosa Farbe. Kanadischer Lachs ist in der Färbung dunkler. Lachse werden in so genannten Aquakulturen gezogen, echter Wildlachs wird nur selten angeboten. Die Fleisch-

güte kann durch unreines Wasser und Futterzusätze leiden. Lachs wird gebraten, gekocht, geräuchert, gebeizt oder roh verzehrt.

▶ Makrelen

werden im Mittelmeer, Atlantik und Pazifik mit Treibnetzen gefischt, weil sie in Schwärmen von mehreren Kilometern schwimmen. Die Fische werden meist in Öl eingelegt oder geräuchert angeboten. Das leicht rötlich-braune Fleisch hat einen intensiven Geschmack. Kleine Makrelen schmecken besser. Makrelen zeichnen sich durch einen hohen Gehalt an → Omega-3-Fettsäuren aus und zählen zu den Fettfischen. Wegen des günstigen Eiweiß-Fett-Verhältnisses zählen sie zu den Gesundheitsfischen fürs Herz.

▶ Rotbarsch

ist ein äußerst wohlschmeckender Seefisch, der im Nordatlantik bei Grönland heimisch ist. Er wird selten als Ganzes verkauft, in der Regel filetiert, frisch oder gefroren. Er eignet sich zum Dünsten, Braten oder für Aufläufe. Das Fleisch ist fest, leicht rosafarben und relativ fett.

▶ Rotbarben

sind auch unter dem Namen Meerbarbe bekannt, werden im Mittelmeer, im Schwarzen Meer und in der Karibik gefangen. Sie haben ein festes, mageres und besonders aromatisches Fleisch und müssen nicht ausgenommen werden, da sie keine Galle haben. Dafür können die Gräten unangenehm auffallen. Das Fleisch der Rotbarbe eignet

sich für alle Zubereitungsarten, es ist aber nicht lange haltbar.

▶ Scampi

sind kleine Verwandte des Hummers; man nennt sie auch Kaisergranatschwänze. Namen wie Tiefseehummer oder Langustenschwänze sind nicht korrekt, weil sie eine nicht vorhandene Qualität erwarten lassen. Scampi werden in der Regel gefroren oder als Konserven angeboten, frisch gibt es sie selten. Sie eignen sich zum Grillen, Frittieren und Pochieren. Scampi erreichen eine Größe bis 20 cm.

▶ Seebarsch

wird im Mittelmeer und im Ostatlantik gefangen. Das Fleisch ist fest, weiß und sehr aromatisch. Er eignet sich zum Kochen (mit Schuppen) und zum Pochieren (ohne Schuppen).

▶ Seelachs

ist ein sehr preiswerter Fisch mit recht schmackhaftem Fleisch. Er ist mit dem Lachs nicht verwandt. Die graue Fleischfärbung ist kein Zeichen mangelnder Güte. Das Fleisch sollte möglichst kurz gebraten werden. Der Polack ist ein Verwandter des Seelachses, hat aber eine feinere Fleischqualität.

▶ Seezunge

wird im Nordatlantik und in der Nordsee gefangen. Ihre Länge kann bis zu einem halben Meter betragen. In den letzten Jahren ging der Seezungenbestand wegen Überfischung stark zurück. Seezunge eignet sich zum Braten, Pochieren und Grillen. Die im Handel angebotenen Seezungen werden immer kleiner und teurer.

▶ Steinbutt

der edelste unter den Plattfischen, wird im Nordatlantik, in der Nord- und Ostsee gefangen. Seine Bestände sind sehr klein, daher ist er auch teuer. Baby-Butt sollte nicht gefangen werden. Steinbutt kann auf alle Arten zubereitet werden. Das Fleisch vom Steinbutt ist fest und weiß und gilt als sehr schmackhaft.

Thunfisch

ist ein weltweit verbreiteter Seefisch. Im Sommer lebt er im Nordatlantik, im September sucht er die wärmeren Gewässer der Kanaren, des Schwarzen und des Mittelmeeres auf. Dort wird er mit Treibnetzen gefischt und meist als Konserve verschifft. Den größten Fang teilen sich Japan und die USA. Das Fleisch vom Thunfisch ist fest, vielleicht mit Kalbfleisch vergleichbar, so kann es auch zubereitet werden. Das feinste Fleisch liefern Bauch und Brust. Thunfischfleisch zeichnet sich durch einen besonders hohen Anteil an Niacin und Vitamin A aus.

Tintenfisch

ist im Atlantik und im Mittelmeer beheimatet. Man unterscheidet Tintenfische von Kalmaren (bzw. Calamares) durch die Körperform, beide Fische zählen aber zur Gattung der Tintenfische. Tintenfische werden frittiert, gebraten, gegrillt oder geschmort. Beim Öffnen ganzer Fische sollte man darauf achten, dass der Tintensack unverletzt bleibt. Handgroße Tintenfische gelten als besonders schmackhaft.

Zander

ist ein Raubfisch, der in Flüssen und Seen beheimatet ist. Er erreicht eine Länge von ca. 70 cm, und hat eine lange und schmale Form. Der Zander sollte im Herbst und Winter gefangen und verzehrt werden. Das Fleisch eignet sich zum Braten und Dünsten, wird aber auch gerne als Füllung verwendet. Zanderfleisch ist zart und saftig, am schmackhaftesten ist der Donauzander. Das Fleisch verliert beim Tiefkühlen an Geschmack.

Fleisch

Fleisch galt schon immer als ein Symbol für Kraft, Stärke und Reichtum. Im Mittelalter stand in den Burgen und Klöstern Fleisch im Mittelpunkt der Mahlzeiten. Das Amt des Tranchiermeisters gehörte zu den geachtetsten bei Hofe. Während beim Volk Fleisch aber nur ein bis zwei Mal pro Woche auf dem Speiseplan stand, stieg der Konsum quer durch die Bevölkerung nach dem zweiten Weltkrieg drastisch an. Heute wissen wir, dass ein Zuviel insbesondere an rotem Fleisch der Gesundheit nicht zuträglich ist. Herz-Kreislauf-, Darm- und Prostataerkrankungen, Gicht u. v. m. sind der Preis. Vegetarier muss Mann zwar nicht werden, aber beim Fleisch ist etwas weniger tatsächlich ein Mehr!

Inhaltsstoffe und Präventionswert

Die Hauptquelle für das Nahrungsmittel Fleisch stellt die Muskulatur der beweglichen Körperteile verschiedener Tiere dar. Sie bestimmt die küchentechnischen Eigenschaften sowie die Inhaltsstoffe des Fleischs.

Kohlenhydrate finden sich nur in Spuren.

Fette findet man immer im Fleisch, wobei man zwischen sichtbaren und unsichtbaren Fetten unterscheiden muss: Alles Weiße am Fleisch ist Fett. Man bezeichnet es als extrazelluläres Fett. Die feine Marmorierung des Fleisches ist ebenfalls Fett, das sogenannte intrazelluläre Fett. Je weicher das Fleisch ist, desto mehr unsichtbares oder intrazelluläres Fett ist enthalten.

Proteine: Fleisch ist der → Eiweiß-Spender Nummer Eins. Fleischprotein ist von unserem Organismus besonders gut verwertbar. Und zwar um so besser, je fettärmer das Stück ist.

Vitamine: Fleisch ist keine Vitaminbombe. Lediglich der Bedarf an Vitaminen des B-Komplexes lässt sich über den Fleischverzehr decken. Je nach Fleischsorte finden sich nennenswerte Mengen an Vitamin A, Niacin, Pantothensäure und Folsäure.

→ **Mineralstoffe** finden wir im Fleisch teilweise in erheblichen Mengen. Dazu gehören Kalium, Kalzium, Eisen und Zink. Vor allem das → Eisen aus Fleisch (das so genannte Hämeisen) ist für den menschlichen Körper besonders gut zu verwerten.

Fleisch gehört nicht gerade zu den Nahrungs- mitteln mit hohem Präventionswert. Schweine- und Rindfleisch besitzen zwar Vitamine und Mineralstoffe, enthalten aber auch einen hohen Anteil → gesättigter Fettsäuren, was den Wert der sogenannten »roten« Fleischsorten deutlich min- dert. Kalbfleisch, Lamm und vor allem Geflügel haben ein fettarmes Fleisch, das sich durch hoch- wertiges, leicht verwertbares Eiweiß auszeichnet. Diese Fleischsorten sollten bevorzugt werden. Auf das »rote« Fleisch haben wir daher in unserer Warenkunde verzichtet.

Fleischsorten
⊡ Kalbfleisch
wird von maximal vier Monate alten Tieren gelie- fert. Es ist fettarm und zart, aber leider auch arm an Aroma. Die zum Verzehr geeigneten Fleischteile sind Keule, Rücken (Kotelett, Filet und eingewach- sene Niere), Filet (Bereich unter dem Nierenstück), Hals, Dünnung (Bauchstück) und die Haxen (Beinteile).
Kalbfleisch ist besonders gut bekömmlich und eig- net sich daher auch für Schonkost. Gutes Kalb- fleisch ist rosa bis hellrot. Es benötigt keine Rei- fungszeit. Wegen seiner kurzfaserigen Struktur hat Kalbfleisch ein besonders gut verwertbares Eiweiß. Kalbfleisch liefert außerdem Vitamin B12 und Folsäure, sowie Kalzium und Zink.

⊡ Lammfleisch
kommt von Mastlämmern, die nicht älter als 12 Monate sind. Der Name Hammel- oder Schaffleisch stimmt deshalb heute nicht mehr. Die zum Verzehr geeigneten Fleischteile sind Keule, Rücken, Kamm (Halsstück), Bug (Schulterstück) und die Brust. Lammfleisch ist besonders zart und aromatisch, es

hat eine kräftige Farbe und sollte einen dünnen, aber gleichmäßigen Fettrand aufweisen. Lammfleisch zählt ebenfalls zu den Vitamin B12- Lieferanten.

⊡ Geflügel
Was Geflügel betrifft, leben wir heute in einer ver- gleichsweise eintönigen Zeit. Während des Mittelalters und bis ins 16. Jahrhundert betrachtete man eine erstaunliche Vielfalt an Vögeln als essbar. Von Hunger und Genusssucht getrieben, verschon- te man beim Jagen kaum eine Art. Ende des 17. Jahrhunderts aß man zunehmend domestiziertes Geflügel. Hühner und Puten waren früher ein soge- nanntes Winterfleisch, heute werden sie aber gera- de im Sommer gerne verzehrt. Beliebtes Geflügelfleisch liefern Hühner, Enten, Gänse und Puten. Daneben gibt es Spezialitäten wie Perl- hühner, Stubenküken, Tauben, Fasane und Wachteln.
Geflügelfleisch zeichnet sich durch wertvolles Eiweiß und einen nennenswerten Gehalt an unge- sättigten Fettsäuren aus. Es ist insgesamt fettarm und leicht verdaulich. Frischgeflügel sollte mög- lichst rasch zubereitet werden, um das Salmo- nellenrisiko zu verringern.

Milch und Milchprodukte

Milch ist unsere erste Nahrung als Baby, später erfolgt die Umstellung auf andere Milchpro- dukte. Quark, Joghurt, Sahne, Käse und Konsor- ten begleiten die Meisten das ganze Leben lang. Die Vielfalt der Produkte verdient genauere Betrachtung.

Inhaltsstoffe und Präventionswert
Kohlenhydrate Milchzucker (Laktose) ist mit 5 Prozent enthalten und damit neben Wasser der Hauptbestandteil der Milch. Milch ist weiten Teilen der erwachsenen Bevölkerung Asiens und Afrikas nicht verträglich, ihnen fehlt das Enzym Lactase zur Spaltung des Milchzuckers. Sie reagieren mit Koliken und Durchfall.

Fett in der Milch ist in so genannten Fettkügelchen gebunden. Diese Fettkügelchen sind für die

Rahmbildung der Milch verantwortlich. Durch Homogenisieren lassen sie sich zerstören, die Milch rahmt nicht mehr auf. Der Fettanteil der Kuhmilch, abhängig vom Futter, liegt zwischen 3,5 und 3,8 Prozent. Es besteht ein gesundes Verhältnis zwischen ungesättigten und gesättigten Fettsäuren.

Milchproteine machen auch zwischen 3,5 Prozent bis 3,8 Prozent aus. Die Milcheiweißstoffe Beta-Lactalbumin, Alpha-Lactalbumin und die Kaseine können bei dafür empfindlichen Menschen Allergien auslösen.

Mineralstoffe: Milch ist der Hauptlieferant von → Kalzium. Weiterhin enthält sie Phosphate und Jod in geringen Mengen.

Riboflavin gehört zu den B-Vitaminen. Milch liefert einen wertvollen Beitrag zur Versorgung mit Riboflavin (→ Vitamin B2). Ein Liter Milch enthält die Hälfte unseres täglichen Bedarfs davon.

Orotsäure (→ Flavonoide) wird oft den Vitaminen des B-Komplexes zugerechnet. Orotsäure schützt die wichtigen Darmbakterien, aber auch den Zellstoffwechsel, Herz und Leber. Den höchsten Gehalt hat Schafsmilch, dicht gefolgt von Kuhmilch.

→ **Folsäure:** Auch Folsäure (Empfehlung 400 µg) findet sich in nennenswerten Mengen.

→ **Vitamin B12** oder **Kobalamin** sorgt für Power und Wohlbefinden, Milch ist ein ergiebiger Lieferant. Schon mit einem Liter pro Tag lässt sich der Tagesbedarf an diesem Vitamin B12 (Empfehlung 5 µg) decken.

→ **Kalzium und** → **Vitamin D** sind im Vergleich zu anderen Nahrungsmitteln in der Milch nicht besonders üppig vorhanden. Dennoch ist die Milch mit einem Gehalt von einem Gramm pro Liter ein exzellenter Kalziumlieferant, weil das optimale Verhältnis von Kalzium und Vitamin D für eine hervorragende Resorption und Speicherung des wichtigen Minerals sorgt.

Milchsorten

Kuhmilch ist ein echter Power-Drink! Sie enthält große Mengen an wichtigen Inhaltsstoffen. Sofern keine besonderen Gründe, wie z. B. eine Milcheiweißallergie, dagegen sprechen, sollten Milch und Milchprodukte daher ein fester Bestandteil des Speiseplans sein.

⊡ Rohmilch

unterteilt man in Vorzugsmilch und Ab-Hof-Milch. Generell wird Rohmilch unbehandelt vermarktet. Vorzugsmilch darf nur mit Genehmigung abgegeben werden. Sie ist nach dem Melken nur etwa vier Tage haltbar. Ab-Hof-Milch wird direkt vom Erzeuger vermarktet. Sie muss vor dem Verzehr abgekocht werden.

⊡ Vollmilch

ist wärmebehandelt und hat einen eingestellten Fettgehalt von 3,5 Prozent. Nicht standardisierte Vollmilch kann im Fettgehalt von den 3,5 Prozent nach oben hin abweichen. Hier wird der gemolkene Fettgehalt beibehalten.

⊡ Teilentrahmte Milch

ist wärmebehandelt und hat einen eingestellten Fettgehalt von 1,5–1,8 Prozent.

⊞ Entrahmte Milch

ist wärmebehandelt und hat einen eingestellten Fettgehalt von 0,3 Prozent Fett.

Je höher der Fettgehalt ist, desto besser ist die Milch im Geschmack, da viele Aromastoffe fettlöslich sind und daher durch das Entrahmen verloren gehen.

Milchbehandlung

Die handelsübliche Milch wird vor der Vermarktung zur Haltbarmachung thermisch und / oder mechanisch behandelt. Dabei unterscheidet man folgende Verfahren:

Thermisieren: Die Milch wird in der Molkerei für 30 Sekunden auf 62 bis 65 Grad Celsius erhitzt.

Pasteurisieren: Die Milch wird durch Erhitzen und anschließendes Abkühlen auf mindestens sechs Grad haltbar gemacht.

Sterilisieren: Die Milch wird kontinuierlich für eine Sekunde auf 135 bis 150 Grad erhitzt und unter sterilen Bedingungen abgefüllt.

Homogenisieren: Die Milch wird durch feine Düsen gepresst, um die feinen Fetttröpfchen zu knacken. Dadurch wird eine sichtbare Fettansammlung auf der Milch für die Dauer der Haltbarkeit verhindert.

Sauermilchprodukte

Dass Milch sauer wird, ist schon seit grauer Vorzeit bekannt; der Prozess heißt Fermentation. Heute macht man sich diese Eigenschaft der Milch für die Produktion von Sauermilcherzeugnissen gezielt zu Nutze. Allein durch das »offen stehen lassen« der Milch setzen die Fermentierungsprozesse durch die Milchsäurebakterien der Luft ein. In den Molkereien werden der Milch gezielt Mikroorganismen (so genannte Reinkulturen) zugesetzt, um bestimmte Sauermilchprodukte zu erhalten. Der gezielte Einsatz von Reinkulturen und die Reifungsdauer bedingen den Geschmack. Produkte aus saurer Milch sind für den Organismus besonders gut bekömmlich. Die Milchsäure fördert die Verdauung, da sie das Eiweiß feinflockig gerinnen lässt. Das Eiweiß ist quasi schon »vorverdaut« und kann deshalb besser aufgenommen werden. Weiterhin fördert Milchsäure die Kalziumaufnahme aus der Nahrung.

Milchsäure kann auf Grund ihrer chemischen Struktur die Ebene des polarisierten Lichts in zwei verschiedene Richtungen drehen. Man spricht deshalb von rechts- und linksdrehender Milchsäure. In unserem Organismus wird die rechtsdrehende Milchsäure aufgebaut, daher kann diese auch besser aufgenommen werden. Es sollte jedoch bedacht werden, dass ein gesunder Organismus auch linksdrehende Milchsäuren verarbeiten kann. Sauermilchprodukte mit einem extra hohen Anteil an rechtsdrehender Milchsäure sind deshalb nicht unbedingt erforderlich.

⊞ Joghurt

wird vor dem Fermentieren etwa 20 Prozent eingedickt, um eine höhere Festigkeit zu erreichen. Außerdem setzt sich so weniger schnell die Molke ab. Joghurt gibt es in den Fettstufen 0,3, 1,5 und 3,5 Prozent, selten auch mit einer Fettstufe von 10 Prozent. Biojoghurt ist ein joghurtähnliches Produkt, das aus einer Mischung von Sauermilch- und Joghurtkulturen fermentiert wird. Es lohnt sich, Joghurt selbst zu machen. Dazu braucht man Milch, einen Becher Naturjoghurt und einen elektrischen Joghurtbereiter, der den Ansatz gleichmäßig temperiert.

⊞ Kefir

kommt ursprünglich aus dem Kaukasus und wird

dort aus Stutenmilch gewonnen. Kefir verdankt seine Existenz einem Transportproblem der Bauern. Der Milchtransport erfolgte in Behältern aus geräucherter Tierhaut (Burdük). Durch das Schaukeln und Schütteln auf holprigen Gebirgspfaden, am Eselssattel hängend oder auf dem Pferdekarren, kam die Milch in intensiven Kontakt mit der Tierhaut und wurde in der Hitze des Tages kräftig durcheinandergebracht. Nach der Kühlung des Burdük in einer Quelle erlebte der Bauer dann die Überraschung: Es kamen nur noch kleine Kügelchen zum Vorschein und ein dickflüssiges, prickelndes Getränk, was außerordentlich erfrischte. Bei uns wird Kefir aus Kuhmilch hergestellt. Zum Fermentieren wird eine Mischung aus Bakterien- und Hefekulturen (Kefirpilz) eingesetzt, die neben Milchsäure auch Kohlensäure und mindestens 0,05 Prozent Alkohol entstehen lassen. Bei Kefir ist es keine Qualitätsminderung, wenn der Becherdeckel gewölbt ist. Es zeigt lediglich an, dass die Mikroorganismen noch aktiv sind.

▶ Buttermilch

war früher ein Restprodukt bei der Butterherstellung. Heute wird Buttermilch aus Milch, durch Zusatz von Milchsäurekulturen, gewonnen. Reine Buttermilch enthält keine Zusätze, wogegen Produkte mit der Bezeichnung »Buttermilch« bis zu

10 Prozent Wasser oder 15 Prozent Magermilch enthalten dürfen.

▶ Saure Sahne

oder Sauerrahm ist ein Sauermilchprodukt mit mindestens 10 Prozent Fett.

▶ Schmand

ist ein löffelfester Sauerrahm mit einer Fettstufe von mindestens 20 Prozent.

▶ Crème fraîche

ist ein Sauermilchprodukt mit mindestens 30 Prozent Fett. Sie kann Verdickungsmittel und bis 15 Prozent Zucker enthalten.

Käse

Gourmets aller Nationen schätzen den Genuss einer Mahlzeit aus Käse, Wein und Brot in der Runde guter Freunde. Käse aus pasteurisierter Milch oder Rohmilch, von Kühen, Ziegen oder Schafen: Die Sorten- und Geschmacksvielfalt (alleine in Frankreich über 450 Sorten) können wir hier nicht wiedergeben und möchten unseren Überblick auf die vier Käsetypen beschränken.
Zur Käseherstellung wird die Milch durch Labferment (Enzym aus dem Kälbermagen), Milchsäurebakterien oder einer Mischung daraus dick gelegt. Die Molke wird aus der geronnenen Milch gepresst. Große runde Löcher im Käse bedeuten, dass wenig gepresst wurde und die Mikroorganismen bei der Arbeit Gase produziert haben, die im Käse eingeschlossen sind. Stark gepresster Käse hat schmale, schlitzförmige Löcher.
Käse ist ein Milchprodukt, der Gesundheit des Mannes also dienlich.

▶ Hartkäse

hat einen relativ hohen Salzgehalt. Die Reifedauer variiert zwischen einigen Monaten und drei Jahren. Hartkäse hat einen hohen Fettgehalt und einen ausgeprägt pikanten Geschmack. Bekannte Sorten sind z. B. Emmentaler, Chester, Parmesan, Greyerzer (Gruyère).

⊞ Schnittkäse

reift ein bis zwei Monate, er ist saftiger und geschmeidiger als Hartkäse. Je länger die Reifungsdauer, desto trockener und aromatischer ist der Käse. Wichtige Sorten sind: Gouda, Edamer, Tilsiter, Butterkäse und Schimmelkäse.

⊞ Weichkäse

ist der Käse mit dem höchsten Wassergehalt. Er neigt schnell zum Schimmeln, ist daher nicht lange haltbar. Weichkäse reift von außen nach innen. Unreifer Weichkäse hat einen weißen, bröckeligen Kern. Während der Reifung verflüssigt sich der »Teig«, die Rinde wird brauner und der Geschmack aromatischer. Bekannte Sorten sind z. B. Camembert, Brie, Doppelschimmelkäse, Limburger, Romadur.

⊞ Frischkäse

ist ein Käse, der ohne Reifungsprozess frisch verzehrt wird. Quark, Doppelrahmfrischkäse und Hüttenkäse gehören zu de Frischkäsesorten. Je fettiger der Käse ist, desto cremiger ist er auch.

Eier

Trotz negativer Schlagzeilen gehören Eier zu den wertvollsten Lebensmitteln. Einmal im Jahr, zu Ostern, haben diese runden Alleskönner Hochkonjunktur. Der traditionelle Genuss der Ostereier ist auf die lange Winterzeit zurückzuführen, in der es früher keine frischen Eier gab. Aber die Chinesen wussten sich aus dieser Not zu helfen: Sie legen Eier noch heute ein. Der Brei aus roter Erde, Lauge, Holzkohlenasche, Reisschalen, Kalk und Wasser macht sie haltbar. Diese Eier mit braungeliertem Eiweiß und graugrünem Dotter gelten in China als Delikatesse.

Inhaltsstoffe und Präventionswert

Kein anderes natürliches Nahrungsmittel ist in seiner Zusammensetzung so perfekt ausgefeilt wie das Ei. Es hat alle notwendigen Inhaltsstoffe zur Entwicklung, Ernährung und zum Schutz des Kükens. Ein übermäßiger Verzehr ist zwar nicht sinnvoll, zwei Eier sollten den Wochenspeiseplan aber küren.

Eiweiß: Bereits ein einziges Ei liefert fast alle notwendigen, essenziellen → Aminosäuren in der täglich benötigten Menge. Einige Proteine übernehmen sogar Schutzfunktionen. So hemmen sie das Bakterienwachstum und schützen vor Alterungsprozessen, indem Eiweiß zersetzende Enzyme blockiert werden.

Fett: Das Eidotter enthält reichlich Fett, das Eiklar so gut wie keines. Der Cholesterinanteil im Eigelb ist hoch. Ein Ei liefert den kompletten Tagesbedarf - wobei hier von Bedarf zu sprechen eigentlich falsch ist, denn der Körper produziert das nötige → Cholesterin selbst. Dennoch wird der gesundheitliche Wert des Eis dadurch nicht geschmälert, da 80 Prozent des Ei-Cholesterins aus dem günstigen HDL-Cholesterin bestehen. Bei einer sonst fettarmen Ernährung beeinflusst das Ei die Blutfettwerte nicht negativ.

Das Eigelb enthält außerdem reichlich → Vitamine, wichtige Mineralstoffe und → Spurenelemente: Vitamin A (Retinol), Riboflavin, Pantothensäure, Vitamin B12, Vitamin K und Folsäure, auch nahezu alle → Karotinoide in beträchtlicher Menge. Mit Ausnahme von Vitamin C und Niacin sind praktisch alle Vitamine im Ei enthalten.

Fette und Öle

In den Rezepten der Köche aus dem Mittelalter findet sich kaum ein Zusatz von Fett für die Zubereitung von Speisen. Mit der raffinierten Zubereitung von Menüs und der Nouvelle Cuisine änderte sich dies jedoch. Öle und Butter wurden als Aromaträger zunehmend geschätzt. Erst in den letzten Jahren ist Fett zu einem umstrittenen Nahrungsmittel geworden. Noch vor wenigen Jahrzehnten als willkommener Energielieferant betrachtet, wird es heute als eher gesundheitsschädlich angesehen. Dabei kann man Fette nicht über einen Kamm scheren, es gibt minderwertige und außerordentlich hochwertige.

Fett liefert mehr als doppelt so viel Energie als Eiweiß oder Kohlenhydrate, das ist aber kein Prädikat, denn unsere Versorgung mit Energie wäre auch ohne besonders viel Fett bedarfsdeckend. Weil der Zusammenhang zwischen übermäßigem Fettverzehr und einer Reihe von Erkrankungen inzwischen einwandfrei belegt ist, sollte man insbesondere bei den gesättigten Fetten Zurückhaltung wahren.

Inhaltsstoffe und Präventionswert

Fett ist ein wichtiger Träger von Aromastoffen, was es für die Zubereitung schmackhafter Speisen unersetzlich macht. Die wichtigen unge-

sättigten Fettsäuren müssen mit der Nahrung zugeführt werden, da der Mensch sie nicht selber synthetisieren kann. Sie liefern uns aber ohnehin fast ausschließlich pflanzliche Nahrungsmittel und Seefisch. Weiterhin ist Fett unerlässlich, um die fettlöslichen Vitamine A, D, E und K aufnehmen zu können.

Fettsorten

▶ Butter

ist ein tierisches Fett, das aus Milch gewonnen wird. Man unterscheidet Sauerrahmbutter, mildgesäuerte Butter und Süßrahmbutter. Die Unterschiede liegen im Geschmack und in der Streichfähigkeit. Sauerrahmbutter wird vor allem in Norddeutschland genossen. Der mild-saure Geschmack entwickelt sich bei der Reifung durch Milchsäurebakterien. Mildgesäuerte Butter reift schneller als die Sauerrahmbutter, da dem Rahm vor der Reifung neben den Milchsäurebakterien auch Milchsäurekonzentrate zugesetzt werden dürfen. Diese müssen jedoch auf der Verpackung ausgewiesen werden. Süßrahmbutter entsteht aus dem »süßen«, d. h. frischen Rahm, daher ihr süßlich-sahniger Geschmack.

Butter enthält mindestens 82 Prozent Fett. Neben Milchzucker sind noch die Vitamine A, D und E sowie etwas Eiweiß vorhanden. Sommerbutter ist auf Grund der natürlichen Ernährung der Kühe vitaminreicher und gelblicher. Der Winterbutter wird zur Farbgebung oft Karotin zugesetzt. Geschmack und Schmelz machen Butter als Brotaufstrich und zum Verfeinern von Speisen beliebt. Auf Grund des hohen Anteils an gesättigten Fettsäuren sollte man auf einen übermäßigen Verzehr jedoch verzichten.

▶ Margarine

ist hauptsächlich ein pflanzliches Fett. Zur Herstellung werden Pflanzenöle wie Sojaöl, Erdnussöl, Sonnenblumenöl, Maisöl und Baumwollsaatöl eingesetzt. In geringen Mengen sind zum Teil noch Rindertalg und andere tierische Fette zugesetzt. Man kann die Margarinesorten in Haushalts- oder Standardmargarine, Pflanzenmargarine, Diätmargarine und Halbfettmargarine unterteilen. Haushaltmargarine eignet sich nur zum Kochen oder Backen. Sie besteht aus pflanzlichen Ölen und tierischen Fetten. Sie ist besonders reich an → gesättigten Fettsäuren.

Pflanzenmargarine ist auch zum rohen Verzehr geeignet. Sie besteht zu mindestens 97 Prozent aus pflanzlichen Ölen. Pflanzenmargarine enthält die wertvolle → Linolsäure, wobei der Gehalt zwischen 15 und 30 Prozent schwanken kann. Bei der Fetthärtung werden die ungesättigten Fettsäuren der verwendeten Öle leider oft zu gesättigten Fettsäuren oxidiert. Sonnenblumenmargarine und insbesondere Diätmargarine enthalten größere Mengen ungesättigter Fettsäuren, was sie besonders streichzart macht. Diätmargarine enthält kein Salz und nur wenige Zusatzstoffe, sie ist ideal für cholesterinsenkende Diäten. Der Gehalt an Fett und Energie ist nicht niedriger als in anderen Margarinensorten, sie eignet sich also nicht für Reduktionskuren.

Halbfettmargarine enthält nur ca. 41 Prozent Fett, dafür aber viel Wasser, Emulgatoren und Aromastoffe. Meist verwendet man einfach doppelt so viel davon, deshalb ist ihr Nutzen zur Gewichtsreduktion zweifelhaft. Sie eignet sich nicht zum Backen und Kochen. Generell gilt: Jede Margarine sollte sparsam verwendet werden.

Pflanzenöle

gibt es in breiter Vielfalt auf dem Markt. Sie stellen neben Butter die wichtigsten Quellen für Fett dar. Hochwertige Pflanzenöle sollten nicht hoch erhitzt werden, ihre ungesättigten Doppelbindungen lösen sich sonst in Rauch auf.

Pflanzenöle sind zum Kochen und Würzen geeignet, sie geben Speisen feine Geschmacksnuancen. Man unterteilt die Öle in Tafel-, Salat-, Speise- und Pflanzenöle. Im Geschmack überaus verschieden bleibt der Energiegehalt der Öle leider stets gleich. Öl ist der wichtigste Lieferant der wertvollen → ungesättigten Fettsäuren. Besonders reich an ungesättigten Fettsäuren sind Olivenöl, Sonnenblumenöl, Traubenkernöl, Distelöl, Walnussöl, Sojaöl, Weizenkeimöl und Maiskeimöl. Alle Keimöle weisen außerdem einen hohen Gehalt an → Vitamin E auf.

Schmalz und Talg

sind Schlachtfette, die an Bedeutung verloren haben. Auch wenn Griebenschmalz im Winter eine Köstlichkeit sein mag: Finger weg! Der Naturkosthandel bietet leckere pflanzliche Varianten.

Harte Fette

sind in Platten oder Bechern im Handel. Es sind wasserfreie, stark gehärtete Pflanzenfette, hergestellt aus Kokosfett, Palmfett oder Palmkernfett. Sie vertragen hohe Temperaturen, eignen sich also gut zum Braten und Frittieren. Gesundheitlich sind diese Fette als minderwertig zu betrachten, da sie ausschließlich gesättigte Fettsäuren enthalten. Nur wenig besser sind die neueren Soft-Fette. Mehrfach ungesättigte Fettsäuren sind eben für hohe Temperaturen und längere Garzeiten ungeeignet.

Deshalb: Wer auf frittierte Speisen nicht verzichten möchte, sollte sie wenigstens nur selten auf den Speisezettel setzten.

Kleine Kochkunde

Über den gesundheitlichen Nutzen einer Speise entscheiden nicht nur die Inhaltsstoffe, sondern natürlich auch die Art der Zubereitung. Damit unsere Rezepte auch wirklich gelingen, bietet die vorliegende kleine Kochkunde geübten und ungeübten Köchen den roten Faden. Wir wünschen viel Spaß beim Kochen und natürlich einen gesunden Appetit.

Garmethoden

Die Wahl der »richtigen« Zubereitung für ein Nahrungsmittel ist wesentlich für die gesundheitsfördernde Küche. Die einzelnen Garmethoden werden deshalb im Folgenden kurz vorgestellt.

Blanchieren

Blanchiert bzw. überbrüht wird vor allem Gemüse und zwar, um die weitere Verarbeitung vorzubereiten. Grüne Gemüse, wie z. B. Brokkoli und Bohnen, werden blanchiert damit ihre leuchtende Farbe erhalten bleibt. Kohl wird blanchiert, damit die blähenden Inhaltstoffe herausgelöst werden. Tomaten lassen sich blanchiert gut häuten. Und besonders schmutziges Gemüse lässt sich durch vorheriges Blanchieren leichter putzen.

So geht´s

➲ *Das Nahrungsmittel wird mehrfach kurz mit kochendem Salzwasser übergossen. Man benutzt möglichst wenig Wasser und blanchiert das Gemüse unzerkleinert, um das Auswaschen der positiven Inhaltsstoffe möglichst gering zu halten.*

171

Dämpfen

Wie der Name schon sagt, gedämpft wird im Dampf. Zum Garen ohne Druck eignen sich normale Töpfe, schneller geht es mit speziellen Dampfdrucktöpfen. Dämpfen ist eine sehr schonende Garmethode, die sich vor allem für vitaminreiches, farbiges Gemüse eignet.

➲ *Das gewaschene Gargut wird in einem Dämpfeinsatz in einen Topf mit kochendem Wasser (bei Dampfdrucktöpfen mit kaltem Wasser) gehängt. Der Einsatz mit dem Gemüse sollte nicht mit dem Wasser in Berührung kommen.*

Dünsten

Unter Dünsten versteht man Garen in wenig kochender Flüssigkeit bei geringer Hitze im geschlossenen Topf. Dünsten ist eine schonende Zubereitungsform, bei der nicht nur die gesunden Inhaltsstoffe fast vollständig erhalten bleiben, sondern auch das gedünstete Nahrungsmittel besonders leicht bekömmlich wird. Gedünstet werden vor allem zarte Gemüsesorten und Fisch.
Zum Dünsten eignen sich vor allem flache, gut schließende Töpfe oder feuerfestes Geschirr für den Backofen. Bereiten Sie Ihr möglichst frisches Gargut erst kurz vor dem Servieren zu. Sollten Sie doch etwas Garflüssigkeit im Topf behalten, verwenden Sie es als Bestandteil für eine Sauce.

So geht´s

⊕ *Grobe Gemüse- und Fischsorten werden vor dem Dünsten kurz angebraten, dann mit wenig Flüssigkeit abgelöscht und fertiggegart. Man kann das Gargut auch im Backofen im fest verschlossenen Topf in wenig Wasser dünsten.*
Die Flüssigkeit sollte fast verdampft sein, wenn es gar ist. Zum Schluss lässt man noch kurz im offenen Topf ausdampfen. So wird der Garprozess unterbrochen und die Speise behält Biss.

Kochen

Kochen ist das Garen in viel Wasser. Kochen schont zwar nicht die positiven Inhaltsstoffe, aber es ermöglicht, dass die Farbe und die Struktur des Gargutes erhalten bleiben. Gekocht werden müssen: Erbsen, Spinat, Zuckerschoten, Blumenkohl, Brokkoli, Artischocken, Spargel, Kartoffeln, Kochfleisch, Kochfisch.

⊕ *Die Nahrungsmittel werden in reichlich Salzwasser stark angekocht und auf niedriger Stufe weitergekocht. Außer bei grünen Gemüsesorten sollte der Topfdeckel während des Garprozesses geschlossen bleiben.*
Die positiven Inhaltsstoffe, die während des Kochens aus dem Gargut gewaschen werden, befinden sich im Kochwasser. Verwenden Sie das Gemüsewasser deshalb als Grundlage für die Sauce. Man kann Kochwasser von Gemüse auch kalt trinken!

Schmoren

Schmoren ist ein kombiniertes Garverfahren, das sich vor allem für Gemüse, Fleisch und Fisch eignet. Durch die Zugabe von Geschmacksverstärkern, wie z. B. Schinkenwürfeln beim Anbraten, kann man dem Gargut eine besonders pikante Note verleihen.

⊕ *Das Gargut wird erst kurz in der Pfanne angebraten, anschließend mit wenig Flüssigkeit abgelöscht, aufgegossen und fertig gedünstet. Durch das kurze Anbraten wird das Aroma des Gargutes besonders gut hervorgehoben.*
Zum Schmoren sollten nur Edelstahlpfannen oder gusseiserne Pfannen verwendet werden, damit sich die Hitze gleichmäßig verteilt.

Poelieren

Poelieren ist eine Garmethode, die zwischen Dünsten und Schmoren liegt und mit geringen Gartemperaturen auskommt. Besonders gut lassen sich gefüllte Fleisch-, Fisch- oder Gemüsegerichte poelieren. Durch die geringe Hitze, die sich langsam im Gargut ausbreitet, lässt sich das Platzen vermeiden.

Pfannenrühren

Für die Zubereitung von Gemüse, Fleisch und Fisch durch Pfannenrühren ist der Wok unübertroffen, es eignet sich aber auch eine offene Pfanne oder ein offener Topf. Pfannengerührte Nahrungsmittel zeichnen sich durch einen knackigen Biss aus. Achten Sie darauf, dass Sie mit Flüssigkeit sehr sparsam umgehen, damit das Gargut nicht »gekocht« wird. Pfannengerührtes lässt sich gut direkt am Tisch zubereiten und sollte sofort verzehrt werden.

Garen in Folie

Garen in Folie ist ein sehr schonendes Garverfahren, dass dem konventionellen Braten ähnelt, aber ohne Bratfett auskommt. Dadurch bleiben alle wertvollen Inhaltsstoffe erhalten. Für diese Zubereitungsart eignen sich Gemüse ebenso wie Fleisch und Fisch. Die Hitze gelangt vollständig an das Gargut, so dass wie beim Braten aromareiche Röst- und Farbstoffe entstehen.

So geht's

⊕ *Das Gargut wird zunächst in wenig Flüssigkeit bei geschlossenem Topf im vorgeheizten Backofen geschmort. Nach zwei Dritteln der Garzeit wird der Topf zum Fertiggaren geöffnet. So erhält die Speise eine leichte Bräunung. Sollte zum Ende der Garzeit die Farbe noch nicht intensiv genug sein, darf die Temperatur des Backofens kurz erhöht werden. Verwenden Sie die Garflüssigkeit anschließend für eine pikante Sauce, damit die wertvollen Inhaltsstoffe aus dem Gargut nicht mit der Garflüssigkeit verloren gehen.*

⊕ *Das zerkleinerte Gargut wird in wenig Öl, Wein, Wasser oder Brühe unter ständigem Rühren gegart. Die Stückchen sind je nach Größe bereits nach drei bis fünf Minuten fertig.*

⊕ *Das Nahrungsmittel wird in einer geschlossenen »Röhre« aus Brat- oder Alufolie im Backofen gegart. Damit die Folie nicht beschädigt wird, sollte das Gargut in der Bratfolie immer auf den kalten Grillrost gelegt werden. Fangen Sie die Garflüssigkeit zur Bereitung einer Sauce mit einer Schale unter dem Rost auf.*
Bratfolien eignen sich übrigens auch zum Einfrieren, die vorbereitete Speise lässt sich so später spontan und ohne viel Aufwand zubereiten.

Kleine Kochkunde

Glasieren

Glasieren ist eine Garmethode, mit der bestimmte Gemüsesorten einen besonders aromatischen Geschmack und ein glänzendes Aussehen erhalten. Zum Glasieren besonders geeignet sind: Artischocken, Karotten, Rüben, Schalotten, Sellerie, Kohlrabi, Perlzwiebeln, Schwarzwurzeln, Maronen (Edelkastanien)

Braten

Braten ist eine besonders schnelle Zubereitungsmethode, die sich für Fisch, Fleisch und Gemüse gleichermaßen eignet. Damit sich die Poren des Bratgutes schnell schließen, sollte man nur Fette benutzen, die sich sehr hoch erhitzen lassen. Die ernährungsphysiologisch besonders hochwertigen pflanzlichen Öle eignen sich dafür nicht! Besser sind leicht gehärtete, spezielle Bratfette.

So geht´s

⊕ *Zum Glasieren versetzen Sie wenig Garwasser mit Butter und Zucker und geben die kleinen Gemüse hinein. Am Ende der Garzeit geben Sie noch einmal Butter in die Garflüssigkeit nach und schwenken das Gemüse, bis es fertig ist. Es ist wichtig, die richtige Flüssigkeitsmenge herauszufinden. Sie darf nicht zu stark einkochen, sonst trennen sich Butter und Zucker und das Gemüse wird unansehnlich. Zum Glasieren eignen sich hervorragend Sauteusen (Schwenkkasserollen) mit bauchigen Seitenwänden.*

⊕ *Gebraten wird in der Pfanne mit wenig Fett. Das Bratgut kann schier, mit Mehl bestäubt oder paniert gebraten werden. Paniertes Bratgut saugt viel Fett auf und hat damit den niedrigsten gesundheitlichen Wert.*

Frittieren

Frittieren ist kein grundsätzlich schlechtes Garverfahren: In der asiatischen Küche, der gesündesten weltweit, wird viel frittiert. Frittierfette haben einen besonders niedrigen Wasseranteil und sind dadurch hoch erhitzbar. Das Fett sollte jedoch regelmäßig gewechselt werden, da durch die Gargüter der Wasseranteil darin ansteigt und die Gartemperatur damit sinkt. In Fett gegarte Lebensmittel sind generell schwerer verdaulich als in Wasser gegarte, da diese einen höheren Fettanteil haben. Zum Frittieren eignen sich Gemüsesorten wie: Aubergine, Zucchini, Tomaten, Kartoffeln, aber auch zarte Fleischsorten wie Geflügel oder Fisch.

⊕ *Tupfen Sie Ihr Gargut vor dem Frittieren mit Küchenkrepp gut trocken, damit das Frittierfett nicht überschäumt. Dann wird das Gargut in hoch erhitztem flüssigem Fett ausgebacken.*

Quellennachweis zur Warenkunde

BRILLAT-SAVARIN, J. A.: Physiologie du goût – Physiologie des Geschmacks, (1826, 1864, 1913, 1923), 1979; Insel-Verlag.

CARTER, G.: KRÄUTER, 1999; Weltbild-Verlag.

GALLWITZ, E.: Kleiner Kräutergarten, 1996; Insel-Verlag.

GRAU, JUNG, MÜNKER, G. STEINBACH (Hrsg.): Beeren, Wildgemüse, Heilkräuter, Sonderausgabe 1983; Mosaik-Verlag.

HAENCHEN, H., BOCUSE, P., GLATZEL, H., KRÜGER, A., PAPE, H.J.: Menü – das große Kochlexikon, Band 1-10; Bertelsmann Verlag.

KARGER-DECKER, B.: An der Pforte des Lebens – Wegbereiter der Heilkunde im Portrait-Band 1 u. 2; 1991; Karger-Verlag.

KISSEL, R.: VOLLWERT, 1990; Siegloch-Edition.

KÜHNEMANN, A.-K.: Geheimnisse der Klostermedizin, 1989; Weltbild-Verlag.

MAKOWSKI, A.: Kleine Philosophie der Passionen – Kochen, 2001; dtv-Verlag.

OHNE AUTOR/ HRSG.: Vollwert-Küche; Lechner-Verlag.

OLNEY, R., GANTIÉ, J., JOHNSON, P., BAKER, J., FREEMAN, M.: Provence – eine Kulinarische Reise, 1994; Christian Verlag.

POLUNIN, M., ROBBINS, C.: Geheimnisse und Heilkräuter der Natur, 1995; Unipart-Verlag.

PÜTZ, J., KIRSCHNER, M.: Lebenselexiere aus Fernost, Hobbythek, 1998; vgs Verlagsgesellschaft.

PÜTZ, J., KIRSCHNER, M.: Mediterrane Lebenselexiere, Hobbythek, 1999; vgs Verlagsgesellschaft.

RÄTSCH, C.: Pflanzen der Liebe – Aphrodisiaka in Mythos, Geschichte und Gegenwart, 1990; Hallwag-Verlag.

RÜEGG, K.: Großmutters Schatztruhe, Sammelband; 1989, Weltbild-Verlag.

SCOTTO, E., HUBERT-BARE A., COMOLLI, M., CARLES, M.: Große Küchen – Frankreich – L'art culinaire"; 1992, Christian Verlag.

THIS-BENCKHARD, H.: Kulinarische Geheimnisse – 55 Rezepte naturwissenschaftlich erklärt, 2001; Piper-Verlag.

VERGÉ, R.: Feste in meiner Mühle – Feinschmeckermenüs in Frankreich, 1997; DuMont Verlag.

Literatur

Und zum Weiterlesen ...

Rüdiger Schmitt
Simone Homm

Handbuch
Anti-Aging & Prävention

‖ Die wichtigsten Forschungsergebnisse
‖ Die sinnvollsten Gesundheitsstrategien
‖ Die wirksamsten Praxistipps

ISBN 978-3-932091-95-7
542 Seiten
€ 42,–

... mit speziellen Kapiteln für Männer

LESEPROBE:

Männer in den Vierzigern – nicht selten auch schon früher – schreiben reduzierte Leistungsfähigkeit, Bauchansatz, Muskelverlust und Abflachen der sexuellen Potenz meist dem Stress zu. Ihre Frauen und die Medizin ergänzen die Verursacherliste mit den „üblichen Verdächtigen" Fehlernährung und Bewegungsmangel. Doch es gibt noch weitere Verantwortliche, die zunächst vorsichtig und leise, mit zunehmendem Lebensalter aber immer unverhohlener die Geschwindigkeit der körperlichen und psychischen Abwärtsspirale bestimmen...

VERLAG im KILIAN
Nikolaistraße 3
35037 Marburg
Tel.: 06421 293-108 oder -323
Fax: 06421 293-170
E-Mail: kilian.verlag@kilian.de
Internet: www.kilian.de